SHODENSHA
SHINSHO

ここまで変わる!

家の買い方　街の選び方

牧野知弘

祥伝社新書

はじめに――変化し始めた人々の働き方、住まい方

先日、仕事でたまたま、東京の湾岸エリアにあるタワーマンションに住むお客様のところにうかがう用事がありました。約束の時間に遅れ気味だったので、大手町《おおてまち》からタクシーを拾い、運転手さんに住所を告げてその場に急ぎました。

そのマンションは、私が育った東京の下町エリアから川やいくつかの運河を越えて行った先にある、地上40階以上の超高層マンションです。私が小さい頃は、巨大な工場や倉庫が立ち並び、道路は大型のトラックが行き交《か》う、地元の子供は行くことのない街でした。

驚いたことに、街はこの四半世紀（25年）あまりの間に激変していました。タワーマンションが林立し、道路は碁盤の目状に整備され、真夏のお昼時に歩く人の姿は少なく、白い石を敷《し》き詰めた歩道は、夏のギラギラした陽光による照り返しで、体感温度は数度上昇しているのではないかと思わせるほどのものでした。

タクシーの運転手さんが首をひねりながらも、「ここ、ですかね」と車寄せに滑《すべ》り込んだマンションの巨大なエントランスホールに入ってみると、同じようなタワー名称ですが、微妙に違います。あわててスマホで地点検索。目的のマンションは隣りでした。ところが隣りといっても棟の間はけっこう距離があります。以前、私は東京の西新宿《にししんじゅく》にある超高層ビルに勤めていたことがありましたが、あの頃を思い出しました。西新宿エリアではビルを間違えると、棟の間がえらく離れていて、横断歩道も少なく、移動が大変だったのです。

乗ってきたタクシーは走り去り、すでに遅刻だったため、青信号に変わるのももどかしく横断歩道を走って隣りのタワーへ。エントランスホールにたどり着き、長大なエスカレーターを駆け上がり、エントランスに到着する頃には汗びっしょりです。エントランスホールは巨大で、私の前を黒いロングドレスで着飾った女性が颯爽《さっそう》と出てきました。いかにもテレワークしています、といった風情《ふぜい》の若い男性が、スマホを片手に館内のコンビニに向かいます。二重のセキュリティが施《ほどこ》されているため、エレベーターホールにたどり着くまでさらに数分かかります。

そしてようやくエレベーターに乗り込みましたが、階ボタンの多さに驚愕です。えっと何階だっけ？　とメモしてきた住所を再度確認。

超高層オフィスビル勤務の経験がある私からすると、エレベーター速度はかなり遅いです。ゆっくり上層階へと上がっていきますが、通勤時などは大勢の人が集中するだろうからさぞかし時間がかかるだろうな、と余計な心配が頭をもたげてきます。

結局、エントランスからお客様の部屋までの時間も含めて、けっこうな遅刻になりましたが、何とか到着することができました。

お客様の部屋からの眺望は最高でした。東京タワーもレインボーブリッジも見渡せます。夜はさぞかし、星降るような夜景を独《ひと》り占《じ》めできそうです。素晴らしい。

ところが仕事の話になった時、そのお客様はもうこのタワマンは売りたいのだと言います。タワマンは売却して、前から所有している首都圏郊外の戸建て住宅に戻るそうです。リモート中心の仕事になり、わざわざ都心近くにいる必要もないとのこと。そろそろリタイアも見据えたいと言います。そして地方にも古民家を買い、そこを自由に改修して、年の半分をそこで暮らしたいと、ご自身のプランを熱っぽく語りました。

先日も、大手広告代理店に勤める私の知人が、都内のマンションを売却して、湘《しょう》

南《なん》エリアに引っ越した話を聞きました。理由を問うと、

「実は、今年になってから本社には一度も通勤していません。通勤しないのだったら何も高額のローン返済をしながら狭苦しいマンションに住むよりも、郊外が良いと思ったわけです。私は自転車が好きなので、湘南の浜辺を愛車で疾走《しっそう》する夢をかなえようと思いました」

と目を輝かせて言います。

私のお客様である、ある大手総合商社の部長氏が私に言いました。

「うちの部門は商社だから、国内外の出張がめちゃくちゃ多いのですよ。ところがコロナ禍になって、1年まったく出張も交際接待もできない状況が続き、部門決算してみたら、嫌になりました。売上は前年とほとんど変わらなかったのに、利益がちょうど出張費と交際接待費分くらい増益になってしまったのです。役員に何て説明しようか悩んでいます」。

コロナ禍がひとつのきっかけとなって、人々の仕事や住まいに関する考え方は、劇的に変化し始めているようです。

私は長らく不動産を生業《なりわい》にしてきていますが、不動産こそは人々の生活を支える重

要なインフラだと考えてきました。その人々の思考が変わる、価値観が変わる、今はどうやら重大な歴史の転換点にきているようです。

とりわけ「働く」を含めた生活環境が変わるということは、人々の生活の基盤である家や街に対する価値観が変わることになります。

本書では、これから日本社会の中で確実に変わっていく人々の働き方の変化、そして働き方の変化に伴《ともな》って、家や街に対する考え方がどう変わっていくかを見通していきます。

どうやら、令和時代に生きる人々の家に対する価値観は大きく変容しそうです。時代の変化を見据えた上での、新しい家の買い方、街の選び方を考えていきたいと思います。

2021年9月

牧野《まきの》知弘《ともひろ》

はじめに

目次

第3章 令和時代の新・マンションの買い方、選び方

第4章　令和時代の新・戸建て住宅の買い方、選び方

第5章　これからの世の中で家は資産となるか

第6章　住む場所にこだわる～おすすめの街選び

図表作成・本文写真　牧野知弘

第1章

コロナ禍は、家のあり方をどう変えたのか

通勤からの解放がもたらしたもの

これまで、私たちは学校を出て就職すると、その多くが会社という組織に勤めてきました。会社で働くということは、会社に出向く必要があります。この行為を「通勤」と呼びます。また日本の多くのワーカーは、会社に従属的に働いてきました。つまり、会社が命じる場所で、決まった時間に、与えられた仕事（タスク）を期限までに行なうことを求められてきたのです。

私たちの会社における仕事は、いわば「場所」「時間」「働く内容」を選択する自由はなく、これらは会社によって命じられ、従うことによって給与や賞与といった対価を得てきました。そしてこうした行為は当たり前の働き方として、ほぼ何の疑いもなく受け入れてきたのが、これまでの私たちでした。

ところがコロナ禍による行動抑制は、私たちの働く基本である「通勤」という行為に対して、これを制限するものになりました。多くの会社では、オフィスに来ない社員に対して、「テレワーク」という働き方をするように命じました。社員ひとりひとりにパソコンなどの情報通信端末を持たせ、基本的には在宅のままで、仕事をする勤務形態に移行したのです。

東京や大阪などの大都市の朝の風景は、一変しました。通勤客で大混雑するはずの鉄道駅も、肩を触れ合うほどのぎゅうぎゅう詰めだった電車も、スカスカになりました。そしてワーカーの多くが「通勤」という行為をやめたのです。

通勤は、多くのワーカーにとっての「日常」であったはずです。働くためには常識であった通勤がなくなったことは、多くの日本人の生活に大きな変化をもたらし始めています。

東京に勤務するワーカーの多くは、都心にある会社のオフィスまで通常、片道1時間程度の通勤をしています。途中一度か二度の乗り換えをしながら。ところが、通勤がなくなったおかげで、往復2時間の余裕が生まれました。駅まで歩かなくてよい、混んでいる電車に乗らなくてもよい、雨だろうが、風だろうが、暑さ寒さもとりあえず関係ありません。通勤がなくなったというだけで、身体にかかるストレスが大幅に軽減しました。

それでは読者のみなさんは、この突然プレゼントされた2時間をどのように使われているでしょうか。朝の1時間は寝坊している。夕方の1時間は早くから酒を飲んで過ごしている人も多いかもしれません。あるいは、何となくスマホをいじくる、ゲームをするなどで時間をやり過ごしているかもしれません。どの行動にもそれなりの幸せを感じているはずです。

通勤という行動が、いかに無駄な時間、無駄な体力消耗であったかということです。考え方を変えて、もう少しポジティブにこの2時間の過ごし方をプランニングしている人もいます。ビジネス英語の取得、財務会計の勉強、各種資格試験の準備などに充当しています。

自分の趣味や見聞を広めるためにも、この2時間は貴重です。日頃読めなかった本を読む、趣味に対する知識を深める、オンラインの教養講座を受講する、などです。

家事に目覚めた人もいます。日頃のいい加減な家事分担をあらため、積極的に家事や子育ての時間を作って、家族の絆《きずな》がより深まった人もいます。

「1日たったの2時間」と思う人と、「2時間も得した」と思う人では、今後の人生が変わってきます。通勤のための2時間は、1カ月に換算すれば40時間になります。1年間であれば何と500時間。この時間をいかに有効に使うかで生き方も変わってくるはずです。

ワーカーが得た3つの自由

ワーカーが得た自由は時間ばかりではありません。自由になった時間で副業を始める人たちも出現しました。最近では、多くの会社で一定限度の副業を容認するところが増えています。本来通勤で使っていた時間をこの副業に充《あ》てる人が出てきました。会社内部の飲み会や接待がなくなったことで、体力的にも余裕が得られ、夜の時間を有効に副業に費《つい》やすこともできるようになりました。私は、この自由を「仕事」の自由化と呼んでいます。

テレワークは、情報端末での仕事のやりとりが中心になります。であるならば、働く場所は何も自宅に限った話ではなくなります。

在宅での仕事は一部の社員から不評です。ただでさえ狭い日本の住宅空間で、自らが働く場所を確保するのは容易ではありません。最近の家庭は夫婦共働きが主流です。ともに在宅勤務となった2人が、同時にオンライン会議などやろうものなら、互いの声が邪魔し合って喧嘩《けんか》になります。オンライン会議は、どうしてもいつもの会議よりも大きな声で話しがちです。同様に会議の席上ではけっして遮《さえぎ》られることのなかった家庭内の雑音、遊び回る子供の声もイラつく原因のひとつです。働く場所の選択はワーカーにとっては大変重要な要素となりました。

コロナ禍で集客に悩むホテルが打ち出した新サービスが、「サブスクホテル」です。月額定額料金でホテルの部屋を専有できるというもので、ホテル御三家の一角である帝国ホテルが２０２０年２月に発表して話題になりました。月額料金（30泊）が36万円から。つまり１日１万２０００円です。一般庶民には手が出ない金額ですが、富裕層や会社社長にはヒット。発表と同時に完売したそうです。

その後、ビジネスホテルなども続々参入。三井不動産系列の三井ガーデンホテルでは30泊、60泊、90泊といった期間で月額15万円からという格安料金で、15～20㎡くらいの広さの部屋が提供されました。

サブスクだけではありません。ビジネスホテルが「デイユースプラン」という、宿泊せずに昼間だけ滞在用に部屋を提供するサービスを拡充しています。このサービスは以前からあり、場所やホテルによってはラブホ的に使われてもいたのですが、テレワーク利用のために宣伝を始めたのです。

私も実際に地方出張に出かけた際、その日帰京するまでにどうしても出席しなければならない複数のミーティングがあったので、空港に行く前にデイユースプランを使ってみたのですが、意外と快適。全国あるいはどの国にいても、オンラインで仕事はいくらでもできる環境になっていることを、実感しました。

コロナ前から都市部では「コワーキング施設」という、会員がオフィスを共有して好きな時間に予約して使うタイプのものが増えていました。WeWorkなどが代表的な銘柄です。当初は地方の会社が東京などに出張の際に、報告書などを作成するためのスペースや、会社の営業マンが営業先から事務所に戻らずにここでレポートして帰れるようなスペースとして使われてきました。

ところがコロナ禍になると、自宅近くのターミナル駅などにあるコワーキング施設を利用するワーカーも増え、都心本社まで通勤せずに、コワーキング施設と自宅を往復する働き方を選択する人も出てきました。

多くのワーカーにとって仕事をする上で「場所」の自由化は急速に進んでいるのです。

ワーカーの間で急速に進む「時間」「仕事」「場所」という3つの自由化は、彼らの日常生活に大きな影響をもたらしています。人々の生活様式、行動様式が変化することは、不動産にとって一大変化です。なぜなら、不動産は人々が社会生活を営むための重要なインフラだからです。

コロナ後はコロナ前には戻らない

ここまで読んでくると読者のみなさまの中には、

「いやいやコロナ禍が過ぎ去れば、生活様式なんて元に戻るさ。今は一時的な現象にすぎず、やがて元のままになるよ」

と感じている人がいるはずです。

また2020年4月、最初の緊急事態宣言が発令された時に比べ、現在都内での通勤電車や駅の混み具合を見て、

「そうね、おおむね8割、いや9割くらいは通勤客戻っているよね」

と言う人がいるかもしれません。

「仕事はテレワークでは限界。やはり人と人とが面と向かって働くことが大事。コミュニケーションはリアルに限る」

との述懐もよく耳にします。

次のグラフは2020年11月レノボ・ジャパンが行なった調査で、在宅勤務での生

図表①　在宅勤務での生産性がオフィスで勤務するより下がるとした回答者の比率

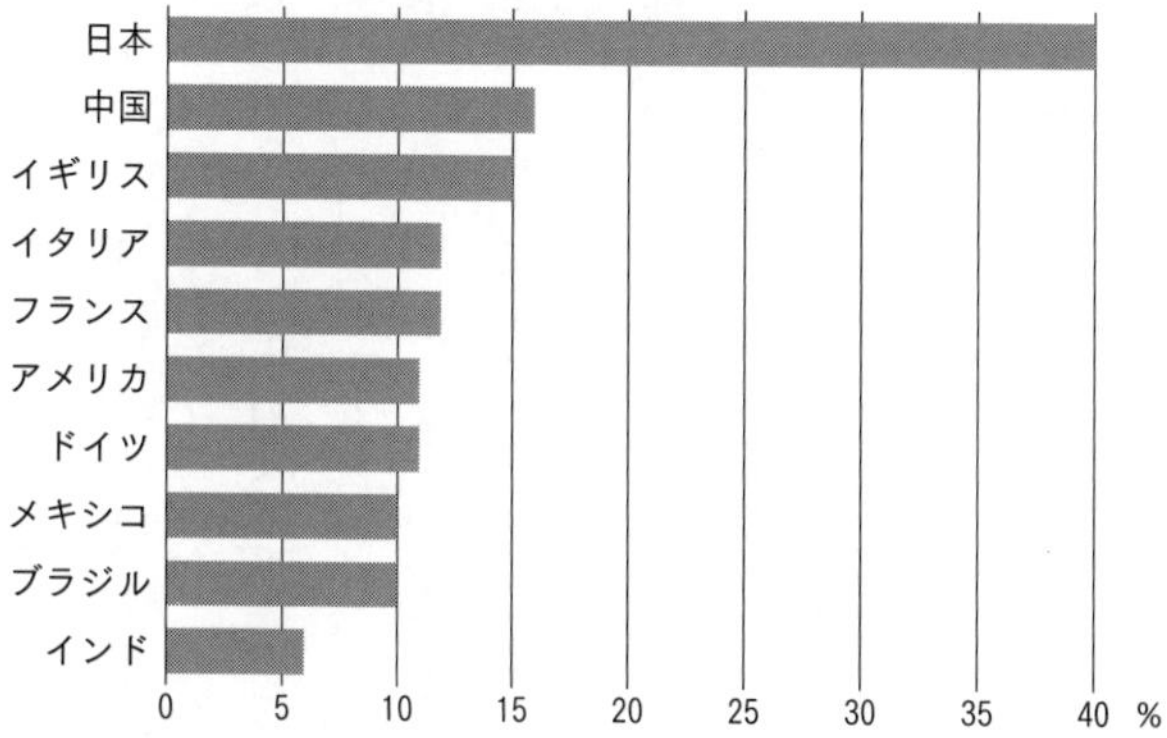

出所：レノボ・ジャパン

産性について主要国のワーカーにアンケートを取った結果です。【図表①】

この調査によると、在宅勤務での生産性がオフィスでの勤務に比べて落ちると回答した比率が日本では40%。10%台だった欧米や中国と比べて顕著な差が出たことが報告されました。このことを引き合いに、日本人は「群れて」仕事をするパートナーシップ型の働き方を好む民族であり、テレワークのようなジョブ型の仕事にはなじまないとする意見が聞かれます。

２０２０年9月に上梓した拙著『不動産激変――コロナが変えた日本社会』（祥伝社新書）において、私はコロナ禍によって人々の生活様式が変化する中で、最も影響を被るのは将来的にはオフィスになるのではないかと、警鐘を鳴らしました。その際にはずいぶん批判を受けました。曰《いわ》く、騒いでいるのは中小のIT系企業だけで、都心のオフィスマーケットは盤石。むしろ感染を恐れて社員間の机間隔を広げる必要があるからオフィスの床需要は拡大する、との反論でした。

しかし結果はどうでしょうか。次のグラフは東京のビジネス地区（千代田区、中央区、港区、新宿区、渋谷区）の主要オフィスビルの空室率の変化です。【図表②】２０２１年６月時点で６・19％です。ちょうど1年前の空室率が１・97％ですから、わずか1年間で４・22％も増加したことになります。

これがどのくらいのインパクトかというと、面積にして32万４０００坪に相当します。これは新宿にある55階建ての超高層オフィス、新宿三井ビルの約12・５棟分になります。1年でこれほどの面積のオフィスが空室になるというのは、かつて例のないことです。グラフでもわかるとおり、空室率を示す折れ線グラフの上昇の仕方が尋常ではありません。

この事態は、さらにもう少し悪い方向に向かいそうです。というのも、現在大規模オフィスビルに居を構える多くの大企業は、ビルオーナーとの間で建物定期賃貸借契

図表②　都心オフィス空室率、平均賃料単価推移

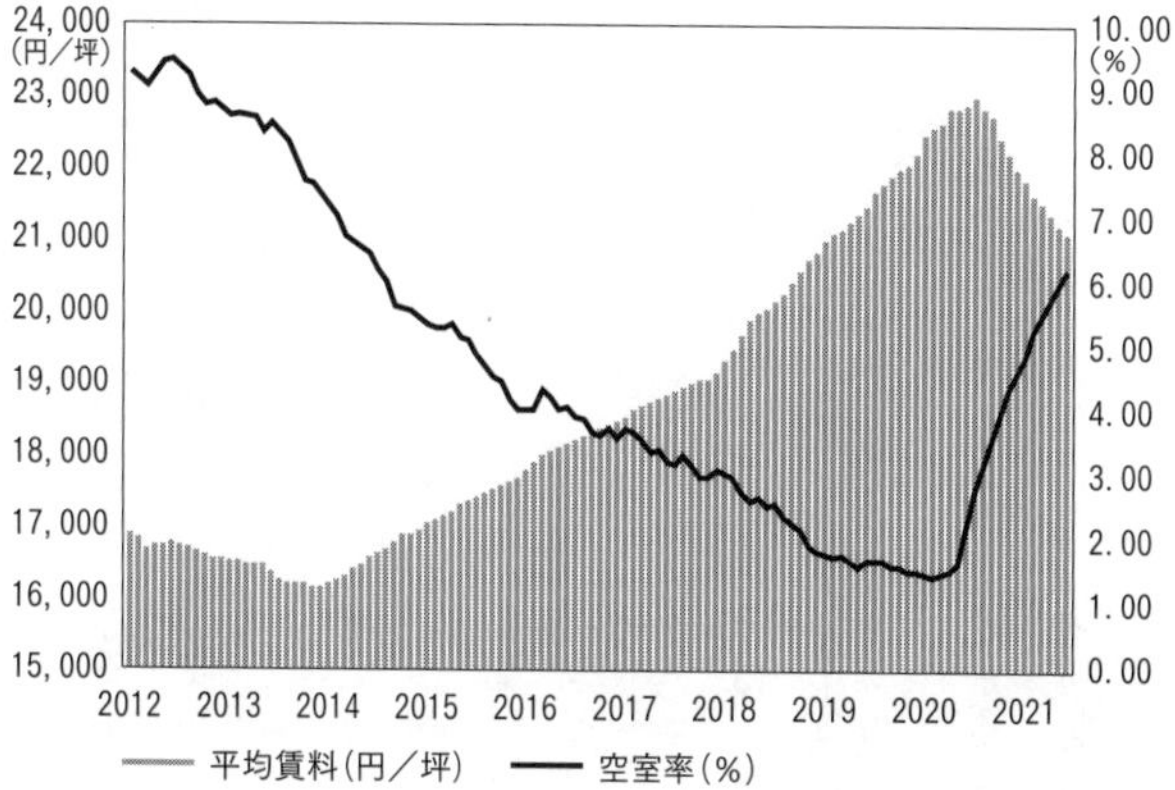

出所：三鬼商事

約を結んでおり、期間は3年から5年にわたるものが主流になっているからです。この契約形態は、期間満了になるまで契約の解除も面積の縮小もできないもので、これから順次期間満了になると、面積縮小や解約が現実になることが予想されます。

実際にオフィス賃貸サイトを見ると、これから契約満了で解約になるフロア（営業面積と言います）の募集が多くの大規模ビルで始まっています。これらのフロアが契約満了を迎えてもなお、新しいテナントが決まらずに「空室」としてカウントされ始めると、空室率の値はさらに深刻なものになっていきそうです。

日本人が民族性としてテレワークは好ま

ず、コロナ後はまた元どおりにオフィスに通勤して仕事をするようになるのなら、コロナという一過性の感染症であるから、いちいち契約内容を変更せずにおくでしょうが、現実は確実に変化が起こっています。コロナ前に戻ることはないのです。

もちろん、業種や職種によって、コロナ前に戻らないと仕事が効率的にできないものが現在でも大半を占めていることは、言うまでもありません。緊急事態宣言に慣れてしまった中で通勤客が9割、8割戻っているという事実は、この論を裏づけています。ただし、逆に考えれば、1割から2割ものワーカーが会社に出社せずに在宅勤務などでテレワークを行なっているという事実が、重たいのです。

「変化」というものは、ほんの少しの綻《ほころ》びから生まれます。最初は虫の穴程度のものであったものがやがてその穴は大きくなって、社会全体が変わります。

最初から4割、5割もの人が生活様式を変えたなら、それはもはや変化を超えた「新常識」です。

コロナ後もテレワークを継続すると発表している大企業も、増えています。コロナ禍は、やはり人々の生活様式を変えるのです。

在宅勤務が、家を見直すきっかけ

では、働き方が変わったことで、私たちの日常生活である「住む」ことに影響はあったのでしょうか。まず、多くのワーカーにとって、普段は会社にいるはずの平日に家にいるということに、不思議な思いを抱いたのではないでしょうか。

まず自分の働くスペースがないことに気がつきます。子供の机があっても自分の机がありません。しかたがないので、ダイニングテーブルを仕事場に定めます。コンセントを探しますが、あらゆる家電によってコンセントは占拠されています。マンション内のWi-Fi接続が不安定で、会社の移動用Wi-Fiを使う人も多く出現しました。

実は分譲マンションの多くで採用されているWi-Fiは、容量が大きくありません。平日に住民の多くがこの回線を使って仕事をするなどということを、想定していなかったからです。週末などにたまたま回線が混み合うことがあったとしても、平日に多くの住民が仕事用に回線を結ぶ、動画などを使ったプレゼンや国際会議などを行なうことなどありえなかったのです。

妻や夫間の主導権争いも熾烈《しれつ》です。特にオンライン会議の時間は、周囲から遮断して集中したいものです。会社での会議は会議室にぼーっと座っていてもどんどん進行していくのですが、オンライン会議になると、画面と音声に集中していないと会議についていけません。リアルなら雰囲気で自分が発言する番か、だいたいわかるものですが、オンラインだと場の雰囲気がわからないので、緊張が続きます。リアルとオンラインの差は、この集中にあるようです。ところが、会議用の部屋などマンション内にはありません。

こうなると、これまでは会社から帰って寛《くつろ》ぐスペースとしての家、休日家族と過ごすためのスペースであった家に対する見方がずいぶんと変わってきます。

1日を仕事して過ごすには圧倒的に部屋数が足りない、面積が狭い。Wi-Fiなどの情報武装は貧弱。常日頃は気にならなかった隣戸の騒音は、ほぼ1日中を家の中で過ごしていると意外に耳に障《さわ》るものです。

昼食時間帯、オフィス勤務であれば、ビルの地下やオフィスビル街の中ですませますが、在宅だと自分で作って食べる以外は、住んでいる街中で食事することになります。これまで自宅近辺での飲食は、休日などに家族でたまに食事する時以外に考えたことはなかったはず。街の定食屋や蕎麦屋などを探すことになります。

家そのものだけでなく、家の周辺、街をあらためて観察すると、意外と店の数が少なかったり、質がイマイチだったりします。

在宅勤務は、自分の住む家をあらためて「生活する」という視点から見つめ直す機会になりました。そうした目で見た場合、これまではとにかく、最寄り駅まで徒歩7分以内、駅からオフィスがある大手町まで急行で40分、乗り換え時間含めて都合1時間ならいいや、といった観点で選んでいた家の価値が変わります。

これまでの「会社ファースト」の家選びから、「生活ファースト」の家選びへの価値観の転換です。

タワマンは住んで楽しいか？

会社ファーストでの家選びで脚光を浴びたのが超高層マンション、いわゆるタワマンです。タワマンについて社会的あるいは建築学的に定義があるわけではありませんが、たとえば不動産経済研究所が発表する新築マンション供給量調査などでは、超高層マンションを「20階建て以上」のマンションと呼んでいます。

タワマンは1990年代後半以降、産業構造の転換や円高などを背景に、海外などに居を移した工場跡地などに続々建設されました。とりわけ、東京の湾岸部などに建設されたタワマンは都心のオフィスに通うには好立地とされ、また高層部からは東京の街並みを一望できる眺望などが人気を呼び、竣工即完売が相次ぎました。

都心部の貴重な土地に建っていることから、資産として希少性があり、換金性が高いとされ、実際に2000年代はじめから2015年くらいまでに建設分譲されたタワマンの多くが、購入時点より中古マーケットでの価格が高くなり、資産形成手段としても脚光を浴びることとなりました。

しかし、タワマン内でテレワークを行なう毎日を過ごした住民の中には、タワマンの意外な盲点に気づいた方も多かったようです。ひとつの建物内に数百戸から1000戸もの住戸があって一斉にWi-Fiを利用しようとした結果、つながらない。建物構造上、戸境の壁が鉄筋コンクリートではなく、鉄骨を組み込み、その間に吸音材を入れ、石膏ボードで挟み込む乾式壁を採用していることから、音漏れがするなどといった指摘が相次ぎました。

また、タワマンがある東京湾岸部などは建物内は快適であっても、その周辺はもともと工場街だったりすることもあって、商店や飲食店などがほとんどなく、気晴らしできる場所も少ないといった感想も聞かれました。

図表③　首都圏マンション供給に占めるタワマン割合

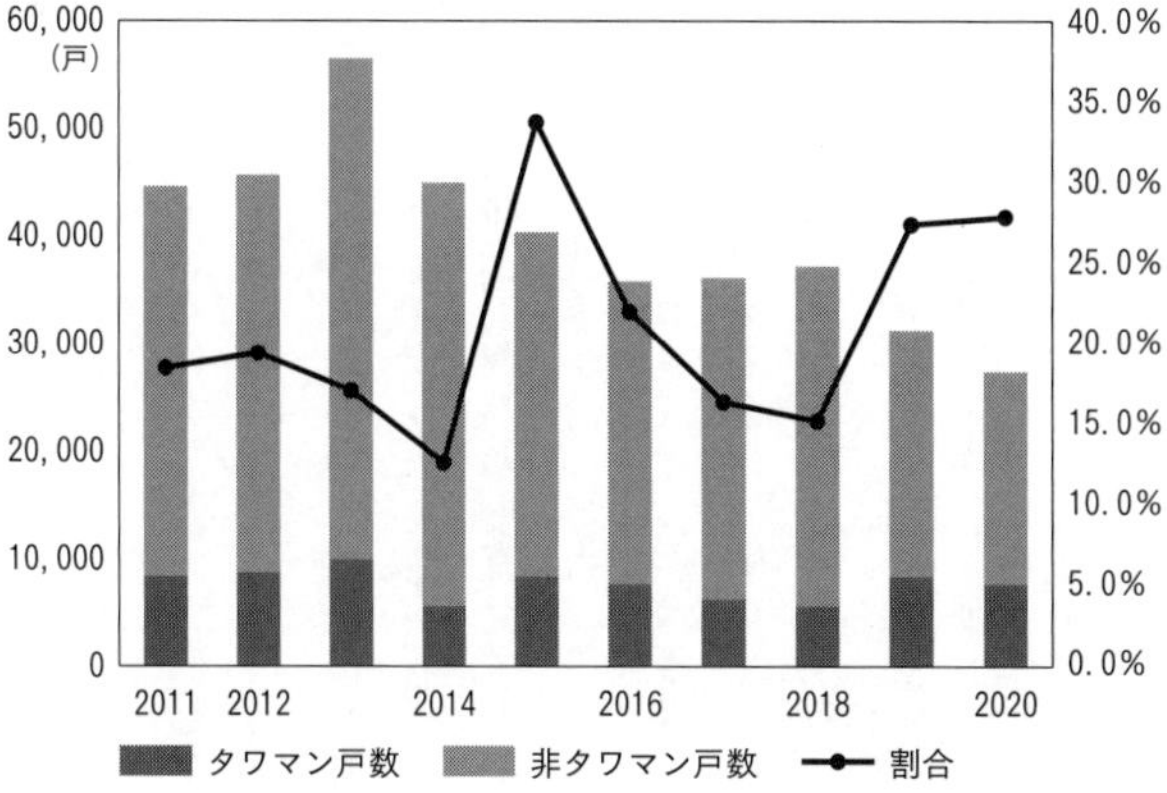

出所：不動産経済研究所

そもそも都心のオフィスに通わないのであれば、必ずしも環境が良好とは言えないタワマンに住む価値は、どの程度あるというのでしょうか。また、タワマンは希少価値という根拠も実は怪《あや》しいものです。

上のグラフは、過去10年における首都圏1都3県での新築マンションの供給戸数とそのうちに占めるタワマンの割合です。【図表③】何とこの10年間に供給されたマンション戸数39万9000戸のうち、タワマンは8万1000戸。20％がタワマンです。通常、売り出されている商品の2割を占めているものを希少品とは言いません。タワマンは都心に住もうとする人にとってごく当たり前の住宅ということができます。

価値があり続けるならば、毎日の生活に多少の不便があったとしても我慢して住み続ける選択もありえます。しかし今後オフィスの持つ価値が変わっていくということは、同時に通勤だけを「強み」にしていたタワマンの価値は維持できなくなる可能性があることを示しています。

もちろんタワマンの中には今後とも価値を維持向上させるものが存在することは事実です。たとえばブランド住宅地といわれる東京の3A地区（赤坂《あかさか》、麻布《あざぶ》、青山《あおやま》）や白金《しろかね》、広尾《ひろお》など国内外の投資マネーが常に流入するエリアというものがあります。

多少の浮き沈みがあっても、このエリア内での投資でそんなに大火傷《やけど》はしませんですが、何でもかんでもタワマンさえ買えばそれが資産形成、つまり金持ちになるための一里塚と考えるのは、もはや時代遅れです。金融商品でも言えることですが、投資というものはそんなに甘っちょろいものではありません。みんながやるから儲かるだろう、などと考える人はしょせんは投資の素人《しろうと》です。

自分の買った物件を早く片付けたいために、投資のプロは何も知らずに、儲かりそうだなと思ってやってくる素人に売りつけて、はい、ゲームオーバーなのです。

1日中いて楽しくないタワマンはこれからの時代にどれほどの価値を持ち続けるこ

とができるのか、今回のコロナ禍は大いに勉強になったはずです。

家で「働く」ために必要な機能とは？

家で働くことは、会社の中での面倒くさい人間関係から離れて働くことができ、また自らの仕事に集中できる、通勤しないために体が楽だ、などさまざまなメリットを感じるいっぽうで、家の中ではなかなか補《おぎな》うことができない部分があることも明らかになりました。

まず家の中では、働くための空間整備ができていません。ダイニングテーブルは仕事をする空間としてはあまりに貧弱です。また通信機能もこれまで述べてきたとおりです。

個室があって、仕事の資料を広げられるような事務机を持っているワーカーは、日本では少ないです。オフィスで使用しているような、長い時間座っていても疲れにくい椅子もありません。ダイニングの椅子では、腰に負担がかかりすぎます。

リビングやダイニングは誘惑の塊《かたまり》でもあります。ソファに寝転がってスマホを見る。ついつけてしまったテレビに見入って時間を潰してしまう。ゲーム機に手が伸びる。ダイニングにいると、はいお茶、はいおやつと、気を緩《ゆる》めるアイテムはいくらでも揃っています。

オフィスと違って監視の目も行き届きにくいです。小さな子供がいればせっつかれて一緒に遊ぶ、じゃれつくペットの相手をする、ふと気がつくと夕方、などという経験をされた人も多いのではないでしょうか。

集中して働くために家の中に何が必要か、あらためて考えさせられたのがこのコロナ禍でした。そして今自分が住んでいる家には何が足りないのか、（テレワークで）実感したはずです。

働くためには集中できる空間が必要です。以前は家を買ったら書斎を持ちたいと夢見た人も多くいました。ところが、実際に書斎にした部屋はその後どうなったでしょうか。子供の成長で、部屋を奪われる。どうせ勉強や読書なんかしないのだからと、次第に部屋の中に洗濯物が山積みになる、物置に化ける、がなれの果てでした。

しかしこれからの時代、書斎という単なる箱ではなく、まじめに仕事をする、つまりお金を稼ぐための空間を確保することを考えなくてはならなくなりました。

資料を広げられるだけの幅、奥行きのあるデスク、長時間座っても疲れにくい椅子、目に優しく、手元を明るく照らすスタンド、高速高性能なWi-Fi、パソコンは会社支給のものであっても、通常会社にあるような高性能なプリンターはありません。年賀状の印刷などで使用してきた家庭用プリンターではA4用紙対応のみのものも多く、A3用紙で印刷もできません。少し良いものを買うとなると、けっこうな金額となります。できれば液晶モニターは複数あったほうが仕事は捗《はかど》ります。

こうした機能をただでさえ狭いマンションの空間に夫婦2人分を確保し、互いに気兼ねなくオンライン会議を行なうのは至難の業《わざ》と言えます。

これまでは会社に通勤するためだけに必要だった家という空間に、働くという新たな機能が付加されることで、家に対する見方が劇的に変わってきました。令和という新しい時代の家選びは、昭和平成の家選びとは根本的に異なるものとなるのです。私たちがあたかも当たり前に思ってきた価値観も、時代の進展とともに変わっていきます。これは時代を遡《さかのぼ》ってみても、実は家選びの常識は時代の変遷とともに変貌を遂げていることがわかります。

次章においては、戦後の日本の家選びがどういった外部環境の変化で変わっていったのかを追ってみることにしましょう。

第2章

時代とともに変容してきた「家選び」の基準

戦後の人口移動がもたらした「家選び」の基準

日本社会の変化は、人々の生活を支える不動産に大きな影響を与えてきました。戦後から現在までの歴史を振り返ると、どうも日本社会は四半世紀ごとにかなり変化している様《さま》が浮かび上がります。それに伴い人々が家を選ぶ基準や、生活に対する価値観も変容していきます。

私はかねてより四半世紀で変わる日本社会の在《あ》り方に注目をしてきました。本章では１９４５年を出発点として、その後を四半世紀ごとに区切り、社会の変容と不動産に対する価値観、家の選び方の変容を見ていくことにしましょう。

終戦からの25年、つまり１９４６年から１９７０年、日本は戦後復興期にありました。焦土と化した国土に、国が主導して新しい産業を誘導し、人々に職を与え、日本が新しい未来に踏み出していった時代でした。１９５８年には東京タワーが竣工、１９６４年には東海道新幹線が開通し、１回目の東京五輪が開幕、そして１９７０年の大阪万博の開催。人々は廃墟から立ち上がり、明日を夢見て力強く働き始めた時代でした。この時期の経済は国、通商産業省（現・経済産業省）が主導しました。１９６３年７月には国内６カ所に工業整備特別地域を設定し、さらに新産業都市として13の都市（のちに15都市）を指定。政策としては、東京や大阪といった中心都市に偏《かたよ》らず、国土全般に産業基盤を築く方針を貫きました。

この時期の東京では、まだ家を所有するという概念は希薄だったようです。都内には多くの借家があり、人々は長屋に住み、路地裏では子供たちが遊ぶ声が響き渡りました。一般の人々はまだ貧しく、その日を暮らすのに手いっぱいな状況で、家を買うという発想はそもそも存在していませんでした。

この頃は、地域内に建設された製造業の工場敷地内に従業員用の住宅がたくさんありました。若い工場労働者たちは敷地内の寮に住み、そこから通信制高校に通ったり、時間外で、工場内の学校で学んだりしました。

人々は東京タワーを仰《あお》ぎ見、新幹線のスピードに酔いしれ、五輪競技に熱狂しました。とりわけ大阪で開催された日本万国博覧会は、日本が世界の檜舞台《ひのきぶたい》に躍り出た瞬間でもありました。

輸出型産業を主軸とする経済発展を遂げたこの時代は、「高度経済成長期」とも呼ばれていますが、日本経済を発展させた原動力は、輸出の伸長よりも内需の途方もない拡大でした。この25年間で日本の人口は７２００万人から１億３７２万人に、なんと44％も激増しました。人類の歴史で、四半世紀で人口が44％も伸びた国は、世界を見渡しても後にも先にもこの時期の日本だけです。

1950年代の三種の神器「白黒テレビ」「冷蔵庫」「洗濯機」、1960年代の新三種の神器「カラーテレビ」「クーラー」「車」。人々はこぞって耐久消費財を買いまくり、生活は徐々に豊かになっていきました。人口の増加は人々の消費意欲を刺激し、製造業はこうしたニーズに対して、大量に商品を作り、湯水のごとく供給しました。松下幸之助《まつしたこうのすけ》氏が提唱した「水道哲学」です。

人口の激増は地方の農村でも起こっていました。農家の次男以降や長女以降は中学校や高校を卒業すると農家を離れ、職を求めて東京や大阪、名古屋《なごや》などに集団就職をしました。とりわけ中学卒は「金の卵」などと呼ばれ、若い労働力として工場や商店などに就職しました。地方圏から三大都市圏に人口移動が始まったのが、この時期です。【図表④】

1971年から1995年までの四半世紀は日本の黄金期とも言える時代です。この間も人口は増加を続け、1995年には1億2000万人に達します。そして三大都市圏をはじめとする都会にやってきた人たちが、故郷には帰らず、都会で家族を持

図表④　三大首都圏および地方圏の人口移動（55年～70年）

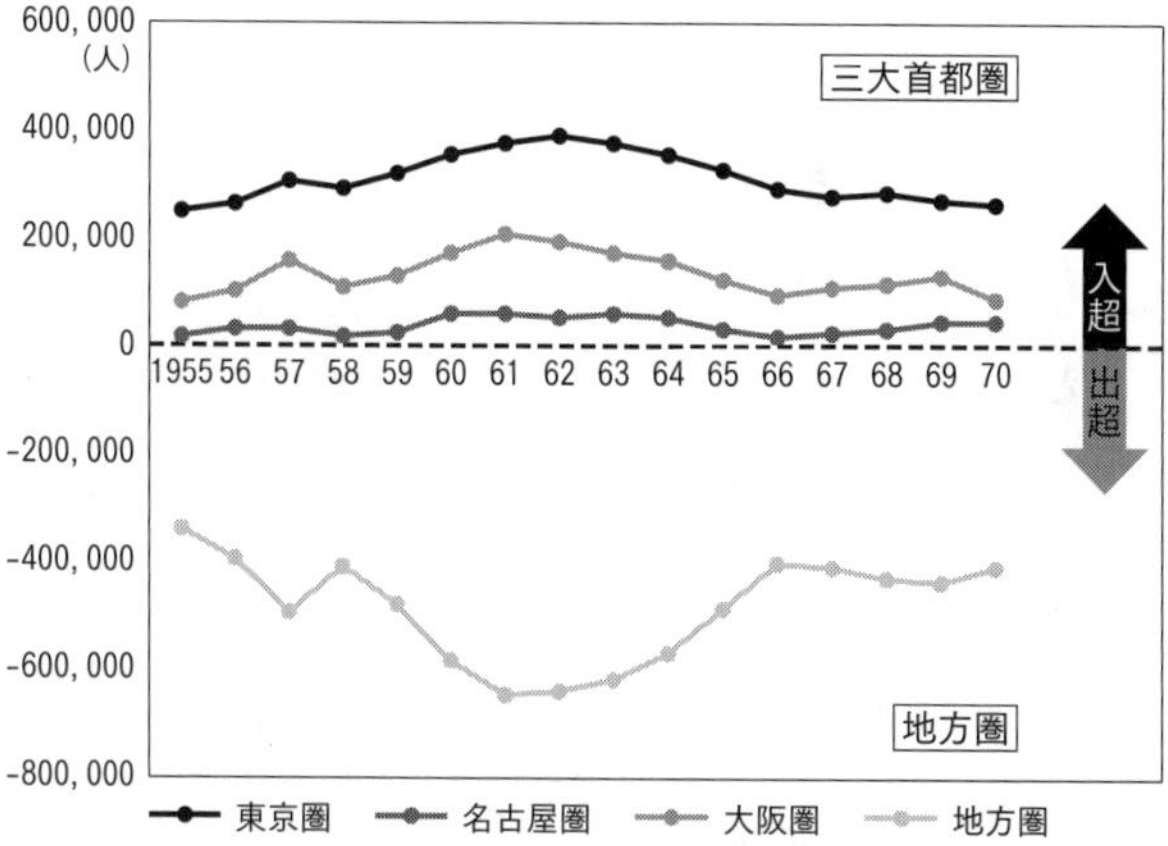

ち、経済力を身につけ家を持ちたいと考え始めるのが、この頃です。また就業形態も工場労働者中心から次第に事務系ワーカーが増え、都心の会社で働く人が増え始めます。サラリーマン時代の到来です。

地方から都会にやってきた人々の多くは、農村部の出身者です。彼らは農民のDNAを持ち、とりわけ土地に対する執着が強いです。故郷に帰っても自分の仕事はなく、居場所がありません。そこで都会で定住するには家が必要になったのです。

こうした動きの受け皿になったのがニュータウンです。1970年代半ばから1980年代前半にかけて、大都市圏郊外に数多くのニュータウンが誕生します。郊外部の山を削《けず》って住宅地を造成、削り取った土砂で海を埋め立て、工業地帯を造る。この一粒で二度おいしい仕事にデベロッパーやゼネコンが飛びつき、事業を主導しました。

大学や独身時代はアパートや寮生活、結婚したら社宅住まいか賃貸マンション。子供が生まれる頃には分譲マンションを買う。買ったマンションはじきに値上がりするので、タイミングを見てマンションを売却して郊外の戸建て住宅を買う。「住宅すごろく」と呼ばれるロードマップが形成されていきます。

地方から都会への人口集中は、膨大な住宅需要をもたらしました。高騰する地価を尻目に人々は何とかして家を買いたい。また買えば、家の値段は時代の推移とともに自然と値上がりする。住宅すごろくで前に進むことは人生における成功の証《あかし》だったのです。「家を持って一人前」「一国一城の主《あるじ》」などと持ち上げられたのが、この時代の雰囲気をよく表わしています。

家はローンで買うという根拠

家を持ちたいという庶民の願いが強くなるいっぽうで、家の値段は急上昇を続けます。圧倒的に需要が供給を上回る中、稼いでも、稼いでも家を買えるほどのお金を貯《た》めることができません。

そこで登場したのが住宅ローンです。長期にわたるローンを低利で組めば、家を持つことができる、住宅ローンは庶民の夢をかなえる魔法の杖《つえ》でした。しかし、この長期にわたるローンは、金融的に考えるとリスクの高いものでした。なぜなら、長期にわたって債務者に返済能力があるか、物件の担保力が長期にわたって保てるかの2点が、ローンを組むにあたって問題になるからです。

ところが、この時代のワーカーの多くが会社員。日本の会社の多くが終身雇用を謳《うた》っていました。高校や大学を出て定年になるまで、雇用が保証されていたのです。したがって債務者の給料債権を返済原資にする住宅ローンにとって、債務者が基本的には給料をもらい続けるという雇用制度は手堅いものでした。次に家の担保力ですが、この時代はとにかく不動産価格は一方的な右肩上がりでした。つまり期間中に、債務者が何らかの理由で返済不能に陥《おちい》ったとしても、担保に入っている家の価格も上がっているので、家を処分して資金回収を行なうのは容易でした。つまり貸付に伴うリスクはそれほど大きなものではなかったのです。

ひとつだけ民間銀行にとってハードルが高かったのが、長期間にわたる金利の固定でした。民間銀行は預かった定期預金などの運用先として貸付を行ないますが、定期預金は預かり期間が短く、貸し付けている間に預金金利と貸出金利が逆ザヤになる可能性がある長期固定金利は採用が難しかったのです。

そこを補ったのが公的金融機関だった住宅金融公庫（現・独立行政法人住宅金融支援機構）でした。この時代の融資は住宅金融公庫と民間銀行の組み合わせで貸し出すのが主流となりました。また、大企業は積極的に従業員に家を買うことを奨励し、会社が住宅資金を貸し付けることも広く行なわれました。

住宅ローンは借りる側から見て、どうだったのでしょうか。長期間にわたってローンを返済しなければなりませんが、ローンを使うことで憧れのマイホームを手にできる喜びは何ものにも代えがたいものでした。賃貸住宅では毎月賃料を払い続けても、家を持つことはできません。ローン返済が多少きつくても、雇用は保証されているので、定年までに払いきれば家は自分のものになる。しかも家の価格が上がれば資産価値が上がる。だから、苦労してでも住宅ローンで家を買うことは賢《かしこ》い選択だったのです。

世の中全体がインフレであり続ける場合、不動産や株式を持っておくことは投資の鉄則です。しかも、雇用が保証されていれば、毎月の返済もできるはず。担保価値は上がっていくのだからいざという時は売却すればよい。家の値段は上がり続けているのだから、なるべく人よりも早く家を買ってしまえば、そのほうが得だ。おおむねこの理屈はこの時代においては正解だったのです。

家は住宅ローンを組んで買う、これが当たり前になったのはこのような時代的背景に基づくものでした。

そしてこのことこそが、本書のテーマのひとつでもある「昭和平成時代の家の買い方＝旧式の買い方」になっていくのです。

１９９５年を境に変わる「家選び」

さて１９７０年から１９９５年に至る時代、日本経済は世界の中でも頂点に君臨していく時代でした。二度のオイルショックを乗り越えて、日本の企業は海外に進出。日本製の車や家電が売れまくりました。「平成バブル」と呼ばれた宴《うたげ》があり、株式と不動産は値上がりを続けました。

ところが平成バブルは弾《はじ》け、その後の日本経済は長きにわたる低迷期に突入します。1996年から2020年までの四半世紀で日本社会は激変していきます。

そもそも1995年という年は、年初から不吉な年でした。年明けの1月17日、阪《はん》神《しん》・淡路《あわじ》大震災が発生。世の中はバブル崩壊で痛手を被《こうむ》り始めていたところに、甚大な自然災害が襲いかかりました。そして3月20日には、オウム真理教の信者らによる地下鉄サリン事件が勃発。社会不安が広がり、経済の低迷に拍車をかけました。

さらに1997年になると、不動産融資を積極的に行なっていた都市銀行の北海道拓殖銀行が大量の不良債権を抱えて倒産、四大証券の一角だった山一證券も倒産します。自然災害から社会不安、そして経済危機がこの四半世紀のスタートとなったのです。

実は各種のデータを追いかけてみると、1995年をピークに日本社会にはさまざまな変調が生じていることがわかります。働き手と言われる生産年齢人口（15歳から64歳の人口）も1995年の8726万人がピークでした。日本は元気な働き手であふれかえっていたのです。ところが、2021年1月には7443万人。四半世紀で1300万人も働き手が失われてしまいました。

地方から三大都市圏への人の流入にも変化が現われました。地方からの人口流出傾向には変わりがなかったのですが、大阪、名古屋への流入が止まり、東京への一極集中が始まるのが１９９５年以降です。

世帯年収の中央値は１９９５年の５５０万円をピークに減少に向かい、２０１８年で４３７万円。何と23年間で20％もの減収です。

専業主婦世帯と共働き世帯の数が逆転するのも１９９５年頃です。１９９７年には男女雇用機会均等法が改正になり、女性も男性と同等に深夜労働や休日勤務ができるようになったことが背景にあります。

輸出型製造業で業績を伸ばしてきた日本企業は、超円高に悩まされるようになります。１９９５年４月には１ドルが80円台を切る状況になるにおよんで、都心の湾岸部などにあった工場や倉庫がアジアなどに移転を始めます。

この四半世紀をまとめると、こうなります。経済において日本の躍進が止まり、バブル期にむやみに貸し付けた債権が不良債権化して金融が傷つく。働き手の人口が減り、世帯年収がピークアウトして減少に向かう。女性が職場に進出して専業主婦が激減、共働きが当たり前の時代になる。日本社会は急激に高齢化が進行し、人口はついに減少期に突入する。どうでしょう、1995年から2020年の四半世紀、日本の社会は大変な変革期に入ったことがわかるのではないでしょうか。

マンションが資産形成になるという都市伝説

こうした社会の変化に対して、家選びはどのように変わっていったのでしょうか。1995年頃までは郊外のニュータウンに家を求める人が主流でした。家庭の標準型は都心の会社で働くサラリーマンの夫と家を守る専業主婦、子供は2人で郊外のニュータウンに居住。夫は会社と自宅の往復に疲れ果て、妻は子供の塾の送り迎えに忙しい。だいたい、こんな生活スタイルでした。

ところが、女性も男性同様に働く時代になって、夫婦ともども郊外戸建て住宅ではとうてい生活が成り立ちません。どっちが子供の面倒を見るのか、家事はどう負担しあうのか。片道1時間以上の通勤では夫婦共働きは続けられないのです。なるべく会社の近くに住んで通勤時間を節約したい。でも都心部に家を買うことなど夢のまた夢、と思われました。

ここで登場したのがタワマンでした。超円高で居場所を奪われた湾岸エリアの工場や倉庫が立ち退《の》き、アジア方面に移転したあとの跡地開発がテーマになったのです。こうした工場があった土地は多くの場合、用途地域としては工業地域に指定されていて容積率（土地面積に対して建設できる建物の床面積の割合）は２００％程度でした。これを有効活用しようと、１９９６年に大都市法が改正されます。この改正では都市部の容積率が大幅に引き上げられ、工業地域の容積率も軒並み、４００％から６００％になったのです。

工場や倉庫のあった土地は、もともと面積が数百坪から数千坪あります。その上で容積率が大幅にアップされたわけですから、土地の価値が一気に上がりました。都心部で供給できる可能性のあるマンション床が誕生したのです。

需要はどうでしょうか。共働き夫婦は何と言っても、会社の近くに住みたい「会社ファースト」の家選びを志向し始めていました。ニーズがばっちり合致しました。工業地域は本来、環境があまり良好ではないところが多いのですが、敷地が広い分、タワーを建てれば、余った敷地にはたくさん木を植えたり、共用施設を充実させたりすることで、十分付加価値をつけられます。

デベロッパーやゼネコンにとっては、どうせ１棟、マンションを作るのならばやることは一緒なので、一度にたくさんの住戸が売れれば効率はよいのです。これまでは地方から来た人たちが家を求めて郊外へ郊外へと分散していったのが、今度は郊外で育ったジュニアたちが、仕事と家庭を両立させるために都心タワマンを買うようになったのです。これは家選びの観点が大幅に変わったことを意味します。

日本全体の人口は2010年頃から減少を始めました。しかし、東京へは一極集中が始まり、東京都の人口は増加し続けました。そのために相変わらず都内およびその周辺で家を求める人たちは存在し続けたのです。

それでも景気が低迷を続け、人口が高齢化していく中で不動産価格は上がりにくい構造にあったのですが、ここに登場したのが日本社会における特殊要因でした。

そのひとつが、国民の間に激しい格差がつき始めたことです。以前は「1億総中流」などと言われた日本人も、戦後75年が経過する中で富裕層と貧困層にはっきりと色分けされるようになってきました。富裕層や相続対策を考えなければならない層にとって、タワマンは富《とみ》の象徴でもあり節税効果も高いということで、彼らが買い手に回りました。

また、アジア地域が経済的に豊かになるにしたがって、彼らの投資マネーが東京都心部に流入してきました。

こうした動きを全面的にバックアップしたのが、２０１３年12月に発足した第二次安倍晋三《あべしんぞう》内閣でした。アベノミクスと言われる超金融緩和策によって、金余りに陥った金融機関から投資家に大量のマネーが流れ、これがマンションマーケットを支えました。さらに新築マンションを中心にさまざまな税制上の特典を付与することによって、購買意欲を煽《あお》りました。

需要が集中すれば価格は上がります。続々立ち上がるタワマンは人気を博し、つられて中古の価格も上昇。タワマン以外でも都心部のマンションは中古価格が上昇。マンションはやっぱり資産形成になるという都市伝説が形成されていきます。

この動きは東京のみならず、大阪や名古屋といった大都市に広がり、現在では地方の県庁所在地や中核都市にもおよんでいます。郊外戸建て住宅に住んでいた高齢者が山から下りて都心のマンションに移転する動きも誘発されました。

マンションが値上がりを始めれば、その現象をメディアが取り上げます。経済誌が毎年「値上がりするマンション、値下がりするマンション」などの特集を打ち、マンションが、いかにも価格が上がり続け、資産形成に寄与するかのようなニュースをまき散らしました。

しかし、こうした動きはいつまで続くのでしょうか。そしていっぽうで家に関して深刻な問題が生じ始めていることに、まだ多くの人が気づいていません。

2021年からの新しい四半世紀を前にして、捉《とら》えておかなければならない課題を考えてみましょう。

承継ができない親の家、あなたの家

家の選び方は、1971年から1995年までは大都市郊外での家選びをする時代、そして1996年から2020年までは都心で会社ファーストの家選びをする時代でした。さて2021年から始まる新しい四半世紀、家選びはどのようになるのでしょうか。

正解を見つけ出すために最も重要なアプローチは、日本社会がこれからどのように変化していくかを見極めることです。

コロナ禍を契機に、それまでの都心一極集中の流れがいったん止まりました。ワーカーの多くが、程度の差こそあれ、「時間」「場所」「仕事」における3つの自由を手に入れつつあります。少なくとも今までの家選びとはだいぶ異なる選択肢が増えてきそうです。

そのいっぽうで、あなたの親の家は今どうなっているでしょうか。地方出身者の人は、すでに親の家を相続してその処分や活用方法にお悩みではありませんか？

地方ではすでに住宅流通マーケットに乗らなくなった家があふれかえっています。時折メディアなどで、「な〜んと100万円でこんなお家がゲットできました！」などと風光明媚な立地の瀟洒《しょうしゃ》な一軒家などが宣伝されていますが、メディアに取り上げられるような家は稀有《けう》な例にすぎません。ほとんどの家が行き場を失い、所有権を相続した息子や娘は、地域社会の手前があって売れない、などと言いますが、実は真剣に売ろうとしても、貸そうとしても、そもそもマーケットが存在しないケースが大半です。地方物件であれば固定資産税の負担はそれほど高くないかもしれませんが、毎年、使いもしない家のために税金を払うことは、額の問題を超えて悩ましいものです。

40、50代の方の親の家は、首都圏郊外が多いです。自らが育ったニュータウンでは、親が高齢者施設に入居、あるいは相続がそろそろ発生して所有権を引き継ぎ始めてはいないでしょうか。

その家、あなたは承継して住みますか？　すでに自分自身、もっと会社に近いところでマンションを所有しているケースが多いはずです。では親の家、どうしたらよいでしょうか。地方とは異なり固定資産税の負担だって馬鹿になりません。親の家がマンション、という事例も増えています。老朽化したマンション住戸。うまく人に貸せればよいですが、そのままにしておいては管理費や修繕積立金の支払いは毎月のこととなります。

実は首都圏郊外でも、地方の実家とまったく同じ現象が生じ始めています。売れない、貸せない、自分が住む予定もない、三重苦の「負動産」になっているのです。

これからの四半世紀、さて今度はあなたの家を誰が承継しますか？　これからの時代も連綿と、人々はオフィスと自宅との間を往復する生活を続けるでしょうか。多くの企業はオフィスという無駄なスペースを捨てて、コワーキング施設などに籍を置きながら、社員は働く場所や時間を自由に選択して働くようになるでしょう。そんな価値観に変わったとすれば、都心に近いからというだけの理由で、子供や孫の時代、彼らはあなたの家に住むようになるでしょうか。

すでに所有をすることを良いと思わない人たちが、若い世代を中心に急速に広がっています。カーシェアどころか、普段着に至るまであらゆるものを所有せずにシェアし、必要な時に必要な量だけ使う、という発想が主流になっていく時、家を所有するという行為がこれまでのような価値を維持し続けられるのでしょうか。

時代が変われば家に対する価値観も変わることは、戦後75年、各四半世紀における家の買い方の変遷を見ても明らかです。

少なくとも「住む」ための舞台としての家の価値はだいぶ変わりそうです。家を所有することのステイタスは、一部のブランド立地に建つ高級物件を除いては今後急速に薄れていくでしょう。

背景にあるのが、これから日本で最大の人口を擁《よう》する首都圏で起こる「家余り現象」です。日本人の多くが地方から三大都市に移動してきて職を得て、家族を持ち、家が足りなくて、住宅ローンを背負って家を買い、一生懸命会社に通勤してローンの返済をして、返済が終わったら、はい人生終わり。これまで当たり前のように信じられてきたストーリーが、首都圏で大量の家余りを引き起こすのです。

「家なんざ、その辺にいくらでもころがってらあな」

2021年からの四半世紀はどうやらそういったセリフが交《か》わされる時代になりそうです。何だかがっかりするような話に聞こえるかもしれませんが、供給が増えて価格が安くなれば、これから家を選び、買う人たちにとってはバラ色の時代とも言えます。

新たな四半世紀を前にして起こるすごいことの話を続けましょう。

これから起こる首都圏大量相続

2020年における首都圏の後期高齢者（75歳以上）人口は約480万人です。これからの四半世紀において、これらのうちのほとんどの人が亡くなるものと想定されます。つまり年間で確実に20万人近くの人がいなくなるということです。その分を社会増減（転入者−転出者）で賄《まかな》えるかというと、コロナ禍以降は、東京都でさえ人口の社会減が生じる事態になっています。さらに人口の自然増減（出生者−死亡者）については、もはや絶望的（東京都で毎年2万人近くの減少）であることを考えると、これまで大量に人を集めてきた首都圏で不動産マーケットに大変化が起こることは確実、と言えるのです。

人口が減少する、とりわけ多くの高齢者が亡くなるということは、不動産の世界では大量の相続が発生することを意味するからです。

とりわけ戦中世代から団塊世代にかけては首都圏の中でも都区部や郊外の比較的良い立地の家に住んでいます。これらの家で相続が発生して、賃貸や売却に出てくれば、家は常に「FOR SALE（売り出し中）」の状態になると予想されます。一部のブランドエリアや希少物件を除けば、家の価格はかなり下がることは自明なのです。

とりわけ１９４７年から１９４９年に生まれた第一次ベビーブーム世代、団塊の世代は、現在でも６１７万９０００人が生存していて、シルバー世代の代表的な存在となっています。

２０２２年からこの団塊世代が75歳の後期高齢者に仲間入りし、２０２４年末には全員が後期高齢者となります。首都圏には団塊世代のおよそ4分の1が住んでいるといわれます。この世代の相続が本格化する頃には、不動産マーケットには大量の売り圧力がかかる可能性が高いのです。

働き方が変化して、オフィスというしがらみから離れて、自らの時間割で好きな場所で好きな仕事を選んで働くようになれば、家選びの基準は変わってきます。その中で、首都圏では家の売り物件が大量に出回る姿が容易に想像されます。

世田谷区の瀟洒な戸建て住宅が驚くような安さでマーケットに出回る時は、もうそこまで来ているのです。この四半世紀では、若い人たちを中心に家を持つことの必要性をまったく感じなくなるようになるかもしれません。だって、家なんてそこいらじゅうにいくらでもあるし、自分の好きな時、必要な時にちょっと借りてればいいじゃない。そんな感覚になっているかもしれません。

では、そんな新しい時代の到来を前にしての家の買い方、選び方をマンションと戸建て住宅に分けて考えてみることにしましょう。

第3章

令和時代の新・マンションの買い方、選び方

新築マンションの価格が上がっている理由

新築マンション価格が鰻上《うなぎのぼ》りです。不動産経済研究所の調査によれば、2020年、首都圏1都3県で供給された新築マンションの平均価格は戸当たり6083万円と、ついに6000万円台の大台を超えました。1㎡あたり単価でも92・5万円。こちらも初の90万円台の大台に突入です。東京都区部に限れば、その価格は何と7712万円。マンションはもはや、一般庶民にとっては高嶺《たかね》の花と言ってもよい存在になっています。

次のグラフは、リーマンショック前の2007年から現在に至る14年間の首都圏1都3県における新築マンション平均価格の推移です。【図表⑤】

2007年4644万円だった平均価格は、この14年間で31%もの上昇を示しました。いっぽうで私たちの収入は値上がり分だけ増加したでしょうか。厚生労働省が発表するわが国の1世帯あたりの平均所得金額は、2007年から2018年の間に556万円から552万円と、残念ながらほぼ横ばいで推移していることがわかります。つまり財布の中身はちっとも増えていないのに、買いたいマンションの価格だけが一方的に値上がりしている構図です。

図表⑤　首都圏マンション価格推移（1都3県：2007年～20年）

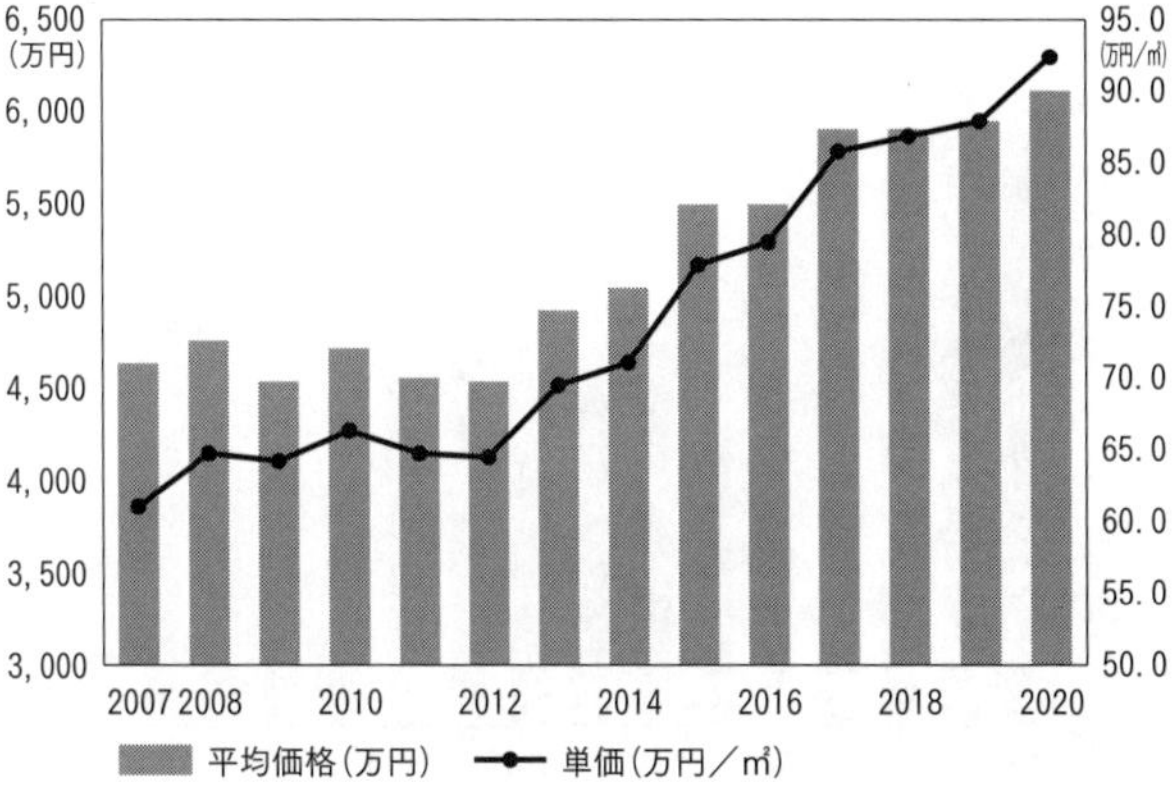

出所：不動産経済研究所

　これでは、新築マンションの購入がしんどくなるのは当たり前です。何せ新築マンションの価格は年収の11倍、都区部ならば14倍もするのですから。この勢いのままでいけば、やがて新築マンションは私たちの手の届かないところに行ってしまうのではないかと、不安に駆られる気持ちもわかります。

　ですが、ちょっと待て、です。ここで私たちが冷静に考えなければならないのが、「こんなにお高い」マンションを買っているのは誰なのか、です。面白いデータを示しましょう。次の表は、２００４年から２０２０年に至る首都圏新築マンションの供給戸数の推移です。【次ページ・図表⑥】

図表⑥　首都圏マンション供給戸数推移(戸)

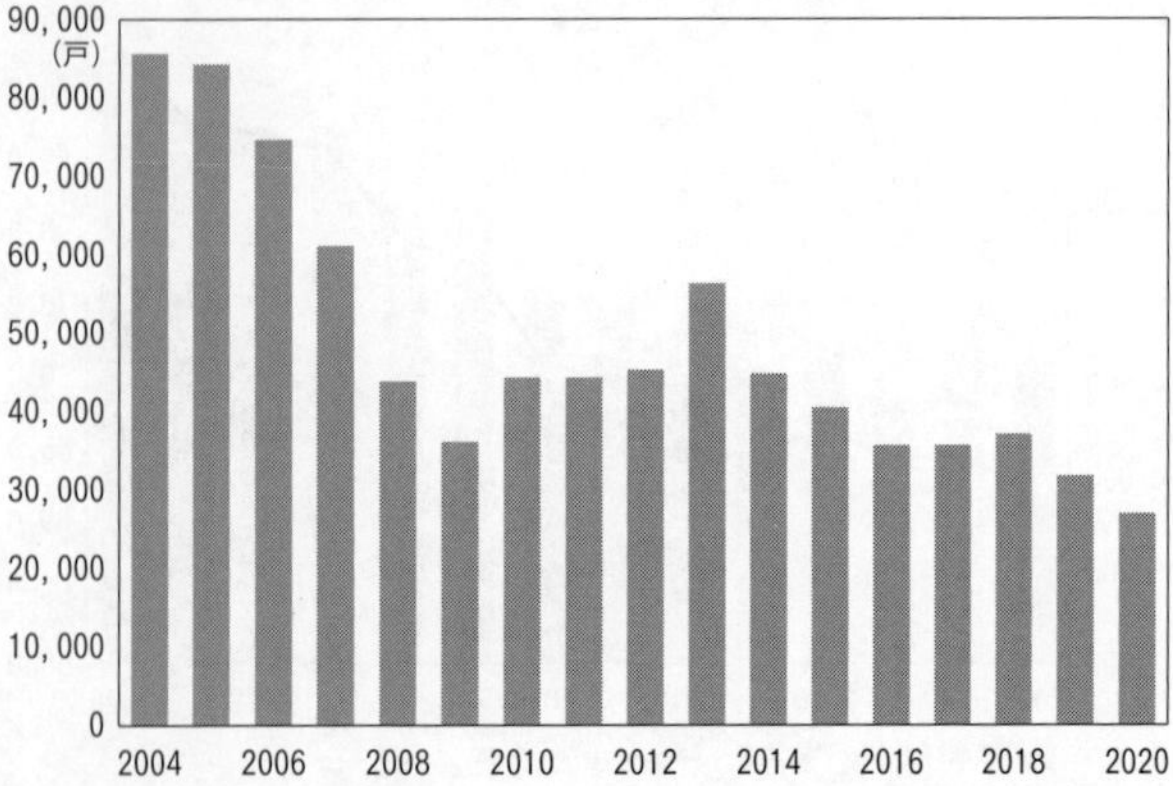

出所：不動産経済研究所

２００４年当初、新築マンションは８万５４２９戸供給されていました。ところが２０２０年はコロナ禍の影響があったとはいえ、２万７２２８戸と３万戸割れでした。コロナ前の２０１９年でも３万１２３８戸です。首都圏における新築マンション供給戸数は、この15年間で、何と３分の１に縮小しています。またこの間、新築マンションを供給するデベロッパーの数は４分の１に減少しています。

新築マンションマーケットは、大相撲で言えば、土俵が３分の１に小さくなって、これまで前頭十四枚目までで競っていた力士が、小結以上で相撲を取っている状況にあるのです。よく新築マンション業界では、メジャー7（三井、住友、三菱、野村、東建、東急、大京）などと称していますが、残った彼らで、小さくなったケーキを分け合っているのが実態です。

つまり、新築マンションはよく売れているから（需要があるから）、人気で高くなっているのではなく、あまり需要がなくなったので、デベロッパーが供給を絞って特定の顧客にだけ販売している構図です。

マーケットが縮小しているためにプレーヤーも少なくなった。さて、彼らはいったい誰に対してマンションを売っているのでしょうか。

次のグラフは2010年と2020年における各年で供給された新築マンションを

図表⑦　首都圏マンション　価格帯別供給戸数の推移

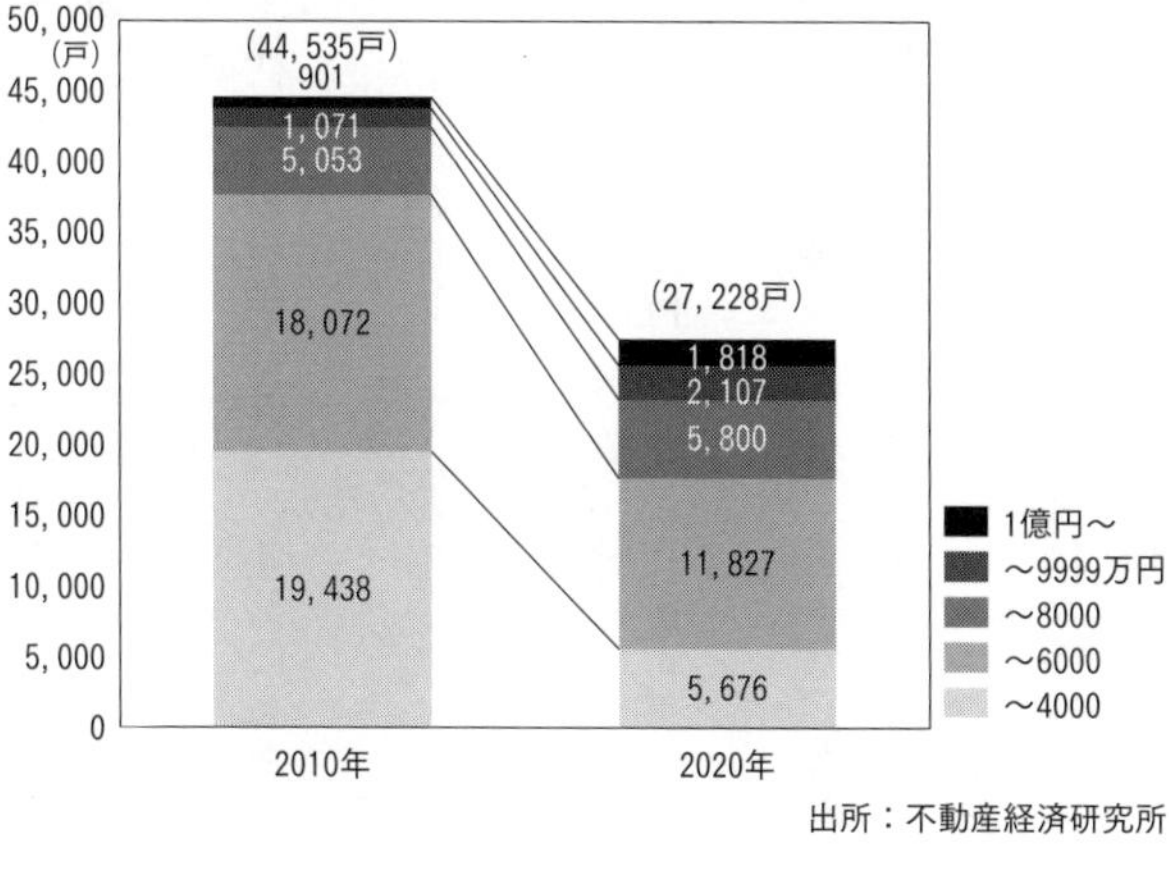

出所：不動産経済研究所

価格帯別に分析したものです。【前ページ・図表⑦】仮に分譲価格８０００万円以上を高額物件とします。２０１０年では全体の供給戸数４万４５３５戸のうち、高額物件は１９７２戸、全体戸数に占める割合はわずか４・４％にすぎません。ところが２０２０年を見ると、高額物件は３９２５戸で、全体に占める割合は14・４％にもなっています。

つまり、縮小したマーケットの中で、メジャー7などのプレーヤーが相手にしている顧客は、一般庶民というよりも「お金持ち」なのです。

結論を言います。最近の新築マンション価格が上昇しているのは、表面的には土地代が上がっている、建物の建築費が上昇傾向にあるなどと分析・説明されますが、本質は違います。供給側が客を選んでいるのです。

８０００万円を超えるような物件を喜んで買っている顧客のプロフィールは、次の４つです。①富裕層、②国内外の投資家、③高齢富裕層の相続対策、④夫婦ともが上場企業に勤務するパワーカップル、です。

新築マンションマーケットは、不動産マーケット全体の中では年々縮小傾向にあり、もはや業界の中ではけっして大きなセグメントではありません。不動産大手が、ここ十数年間に、マンション供給会社を次々と本体から切り離して別会社化してきたのは、その現われです。

メディアなどが、新築マンションマーケットを取り上げて、価格が上がった、上がったと騒ぎ立てていますが、私にはマーケットの実態をよくわかっていないとしか思えません。そしてこの話題に翻弄《ほんろう》されて、ローンの低金利や所得税減税などの甘い蜜にすがって多額の借金を背負い込む一般庶民の何と多いことでしょうか。

住宅が不足していた時代の残り香で、新築マンションを追いかけ回すのは令和の時代には終わりにしたいものです。

新築にこだわることは時代遅れ

では、これからマンションを買いたい人は、どうすればよいのでしょうか。

中古マンションを検討しましょう。分譲マンションの歴史は古く、１９５３年に東京都が渋谷区の宮益坂《みやますざか》に分譲した宮益坂ビルディングが第１号と言われています。また民間ではじめて分譲されたのが１９５６年、新宿区の四谷《よつや》三栄町《さんえいちょう》の四谷コーポラスです。いずれも建て替えられていますが、60年以上が経過する中で、累計戸数は６

65万5000戸（2019年）におよんでいて、国内の総住宅戸数6240万戸（2018年）の約10・6％を占めるに至っています。

新築マンションの供給戸数は全国でも年間11万戸程度。いっぽうで中古マンションストックは660万戸もあります。新築にこだわらないのであれば、買いたいマンションの選択肢は大いに膨《ふく》らむはずです。

では、首都圏における中古マンションマーケットを見てみましょう。【図表⑧】首都圏マンションマーケットでは、長らく新築の供給戸数が中古のそれを上回り続けていましたが、異変が生じたのが2016年でした。この年の新築供給戸数が3万5772戸に対して中古マンションの成約件数が3万7189戸。新築と中古が逆転したのです。もっとも新築マンションは供給した戸数（売れた戸数ではない）なのに対して、中古マンションは成約件数ですから、実売ベースで考えれば、その差はもっと開いていたことになります。

その後、中古マンションの成約件数は常に新築マンションの供給戸数を上回って推移していて、今やマンションは中古で買うのが当たり前の時代が到来しました。

以前は中古マンションというと、安普請というイメージがあり、設備仕様が古く、

図表⑧　首都圏マンションマーケット推移(戸)

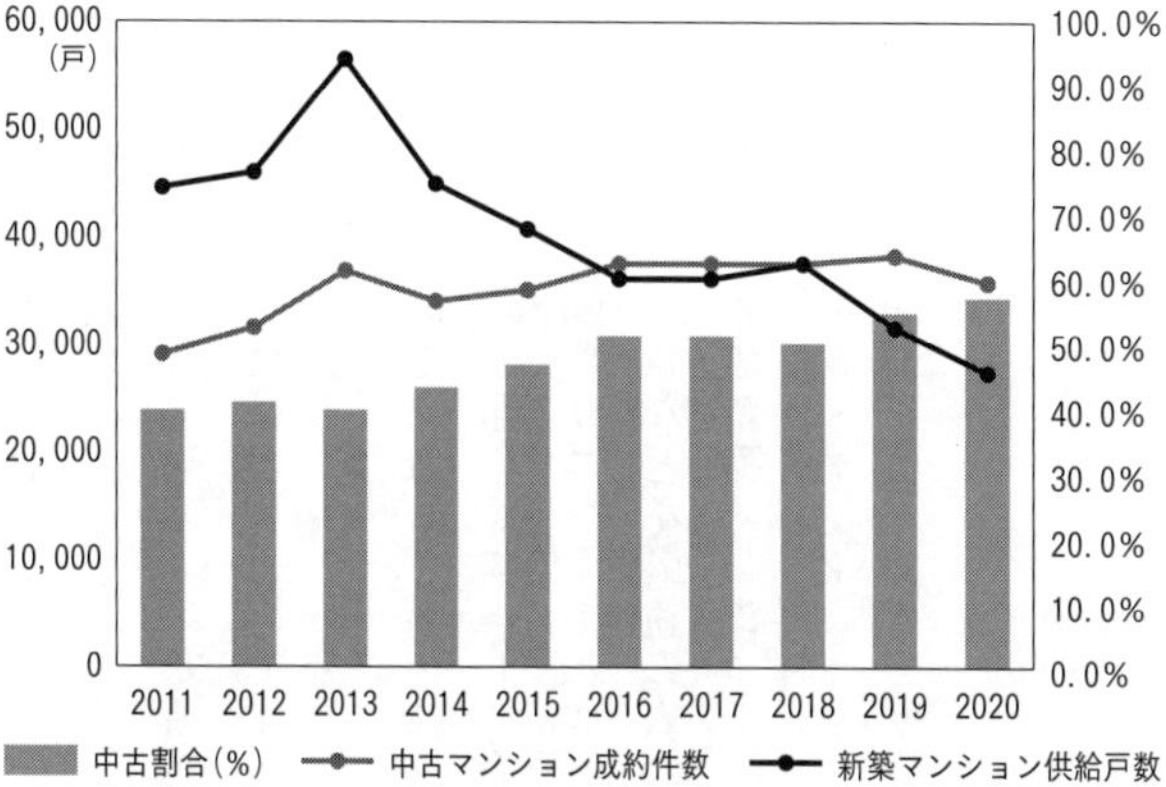

出所：不動産経済研究所、東日本不動産流通機構

建物の構造躯体《くたい》にも問題が多い、というのが定説でしたが、今では中古マンションのほうが新築よりも良い仕様のものも多くなってきています。

マンションは土地を取得してから建物竣工、引き渡しまでに1年半から2年程度かかります。分譲時の景気動向などに影響されて、設備仕様を安いものに変更する、間取りを小さくするなど商品内容は時代によってまちまちです。築30年以上経過していますが、平成初期の平成バブル仕様のマンションには、現代でも驚くほど良い仕様のマンションがあります。

実際、現在のストック665万戸のうち、旧耐震仕様のものは104万戸程度です。中古だから安物で価値が低いと考えるのは早計というものです。

また当然ですが、中古マンションは新築に比べれば一般的には価格は安くなります。同じ立地にあるマンションで価格が1割から2割安ければ、築年があまり古くないのであれば、これはお買い得です。マンションも車と同じで、竣工、分譲されて引き渡されてしまえば、即中古扱いです、売れずに販売在庫となっているものでも1年以上経過したものであれば、新古物件として価格は下がっていきます。

価格が安い分の一部をリニューアル費用に充当してもよいでしょう。中古でも特に水まわりを重点的にリニューアルすると、住み心地は格段に向上します。たとえば浴室や洗面台、トイレなどを最新のものに替えると、費用は200万円から300万円程度ですが、まるで新築マンションに住むような気分になれるでしょう。

またリビングや寝室などはクロスを張り替えるだけならたいした費用はかかりませんし、DIYで塗料を買ってきて家族全員で部屋の塗り替えに挑戦するのも楽しいものです。

以前は地元の工務店などに頼むと費用が法外に高かったり、思ったような仕上がりにならないなど、リニューアルにはトラブルも付きものでした。しかし、最近は大手の住設会社や不動産会社なども参入。費用もかなりリーズナブルになってきました。新築マンションではどうしてもデベロッパー側が勝手に提案したデザインに自分たちの生活を合わせる必要がありましたが、中古なら自分好みの部屋に仕上げることができます。リニューアル済みの中古マンションを買うこともできますが、自分で好きなようにできるのが中古マンションを買う楽しみのひとつ。リニューアル済みのものはえてして、「あばたを隠す」ために表面だけを塗りたくって知らぬ顔で売り抜けようとする業者もいますので、要注意です。

また少し郊外に行けば、マンションは超お手頃な住まいとなります。千葉県や埼玉県の衛星都市から鉄道の支線で数駅も行けば、築年が30年程度、駅徒歩物件で戸あたり２００万円から３００万円台、少し高級な車１台分くらいの値段で手に入れられる物件があります。

中古であれば、管理組合から管理費や修繕積立金などの財務情報を手に入れることも可能ですし、住民間のコミュニケーションが良好かどうか確認することもできます。

新築マンションを崇《あが》め奉った時代は終わっています。無理に背伸びして新築物件の匂いを嗅《か》ぎに行かなくても、立地を吟味して、自分のライフスタイルにあった物件を地道に探るのがこれからのマンション選びです。私たちプロから見ても、中古マンションは新築よりも良い立地にある物件が多く、ネットなどを活用すれば、ほしいマンションの情報はいくらでも手に入れることができる時代です。

新築マンション神話はとっくに崩れ去っているのです。

マンションで快適に暮らすなら、絶対に都心賃貸

マンションは実に便利な住宅です。鍵ひとつで戸締まりができて、外出するのも簡単です。共用部は基本的に管理会社が清掃してくれるので、エントランスまわりや共用廊下は常に清潔です。庭付き一戸建てだと、芝生や植栽の管理が、特に齢《とし》を重ねると億劫《おっくう》になりがちですが、マンションではすべて管理会社がやってくれます。戸建て住宅ではけっして得ることができない眺望の良さも、マンションを選ぶ理由のひとつと言ってよいでしょう。お隣りさんとの面倒な関係を持ちたくない人にもおすすめです。基本的には住戸内に階段がないので、上り下りもなく、お年寄りにも安全です。台風や地震に対しても、鉄筋コンクリート造が主体ですので倒壊、あるいは

屋根が飛ばされるなどの被害は少ないです。

いっぽうでマンション住まいは味気ないものがあります。建物の高層部になれば眺望は良いのですが、自然とのふれあいはなくなります。お庭で好きなガーデニングに精を出すといったことも、ベランダだけが舞台となります。高層マンションほど移動が面倒になり、子供が外で遊ばなくなるという指摘もあります。最近ではペットＯＫのマンションは増えていますが、猫ならばともかく、犬は外に連れ出して散歩するにはマンションは何かと不便を感じることが多いのではないでしょうか。

そうです。これらの良し悪しを吟味していくと、マンションはやはり都会の住宅なのです。都心で忙しく働くビジネスパーソンはとにかく1日が忙しい。朝あわてて支度をして、通勤電車に飛び乗る。そのためには鍵ひとつで飛び出せるマンションは適当な住宅なのです。子供にも鍵ひとつ渡しておけば安心です。戸建て住宅に比べて、エントランスにはオートロックが施《ほどこ》され、マンションによっては二重三重のセキュリティがあります。

忙しい日々なので、ベランダ園芸などの趣味に費やす時間も限定的になります。自然と戯《たわむ》れることも毎日できるわけではありません。とにかく利便性を重視する人にはマンションは最高の住宅ということになります。当然ですが、忙しいビジネスパーソンですから、マンションから最寄りの鉄道駅まで5分以内くらいでアクセスできるのが理想です。現在のマンション選びが「大手町まで40分」「最寄り駅まで徒歩5分」などと、マンションの性能よりも先に立地を優先するのは頷《うなず》けます。

もうひとつ、マンションという住まいに適合するのがお年寄りです。セキュリティ面や住宅内での安全性についてのメリットは、既述のとおりです。さらにマンションは何といっても戸建て住宅に比べて暖かいです。最近の物件であれば床暖房などが整備されているケースも多く、健康に気を使う高齢者にはマンションは格好の住処《すみか》なのです。また郊外に住む高齢者にとっては、徒歩圏に商業施設が揃うマンションは、車を使わずに生活できるという点でも選ばれる理由となります。

都会のマンション住まいは、このようにメリットが多いと言えます。では都会にあるマンションは買ったほうがよいのでしょうか。私は、長年にわたって不動産業を生業としてきましたが、マンションは賃借することがベストであると思っています。もちろんすごく気に入ったマンションがあってどうしても買いたいという人がいます。も反対はしません。ただいくつかの注意点があります。後ほど説明します。

忙しいビジネスパーソンにとって、マンションはとても良いと思います。夫婦共働きなどであれば、１日の大半は、実際にはマンション内にはいないわけですから、セキュリティなどを考えればマンションは適当です。しかし、ビジネスが忙しければ働く拠点が変わる。また家族構成が変わっていきます。今良いと思っているマンションでも自分の働くステージやステイタスが変わる可能性が高いのならば、住まいもなるべく柔軟に変えていきたいものです。

ならば賃借するのが良いでしょう。マンションは所有してしまうと、意外とやっかいなものです。ローン返済額と賃借料の絶対値だけを比較して、どっちが得だといったくだらない議論がいまだに多いですが、所有するということはその物件が自身の生活にまとわりついてくることです。

後述しますが、マンションは自分だけのものではありません。何でも協議、合意で進めなければなりません。身軽に住みたいのであれば賃借しているほうがはるかに楽です。「賃借料がー」と言う人がいますが、賃借料は住むための費用です。毎日が忙しく、家を楽しむ余裕のない人は、何も１日のうちでほとんど暮らしていないマンションに多額のお金を投じて所有をする理由が見つかりません。

ひとつだけ理由があるとするならば、そのマンションが将来大化けして資産価値がアップすることへの期待です。でもそんな博打《ばくち》にうつつを抜かすよりも堅実に賃借料＝住むための費用、と割り切るのがこれからのマンション住まいです。

ちなみにお年寄りは買ったほうがよいでしょうか。その問題は次節でお話ししましょう。

マンションに永住してはいけない

私は2015年に『マンション大崩壊』(文春新書)を上梓しました。題名からはまるでマンションが「暴落」すると類推した読者もいたかと思いますが、マンション価格について記述したものではなく、マンションという居住形態と物件の維持が経年とともに内部から崩壊していく様《さま》を描いたものでした。

実は、同書を出したことには伏線がありました。私は、以前大手不動産会社で主にオフィスビルの仕事を長年にわたってやっていました。その時の強烈な体験が、マンションの所有の仕方、つまり区分所有についての疑念につながったのでした。

私は都内のあるオフィスビルの運営管理に携《たずさ》わっていました。そのビルは3者による区分所有ビルで、私が勤務する大手不動産会社が床を借り上げテナントに転貸する、いわゆる「サブリースビル」でした。

時代はバブル崩壊から不動産価格が下落に転じ、オフィスの賃料も大幅にダウン。オーナーに支払う賃料とテナントに貸す賃料に多額のマイナス（差損）が生じていました。私が担当していたそのビルも、オーナーに約束していた賃料を何とかマーケットの実態に即した賃料水準に引き下げてもらいたかったのと、築年数が経過してきたことから、１回目の大規模修繕の必要性が生じていました。

そこでビルを区分所有している３人のオーナーに交渉することになりました。オーナーを仮にAさん、Bさん、Cさんとしましょう。Aさんは地元でも名だたる地主。ほかにも不動産を多数所有しているせいか、マーケットの現状に対する理解もあり、われわれの提案にもほぼ二つ返事で承諾してくれました。特に大規模修繕にあたって、Aさんは建物床の持ち分が一番多いこともあって多額となりましたが、すんなり認めていただきました。

次に向かったのがBさんです。この方はいつも優柔不断。こちらが懇切丁寧に説明しても、いくつか質問を浴びせるだけで、なかなかOKをしてくれません。結論を求

めるわれわれにBさんが発したのは、

「Aさん、Cさん、2人がOKなら仕方ないなあ。承諾するけどみんなどうなの？」

つまり様子見を決め込んだのです。

そして問題はCさんのところで勃発しました。Cさんは持ち分が一番小さいことに加え、彼が持つ資産の中でこのビルは唯一無二。このビルから上がる収入のみで生きているため、まず賃料の減額にはまったく応じてもらえません。厳しい状況のマーケットについて言葉を尽くしても、「約束は約束、一切応じられない」の一点張り。さらに大規模修繕に至っては、「そんなお金はない、ないものは出せない。だいたいまだ修繕などやらなくてもよいだろう」と受け付けてくれません。しまいには「お金持ちのAさんが全部出せばよいだろう」と宣《のたま》う始末。

報告を聞いたBさんはニタニタしながら、

「ほらCさん、だめだろ？　ならうちだってお金は出せないよ。賃料引き下げだって、あんたらの勝手なんだから応じられないね」

と、どこか評論家風に述べたのでした。

オフィスビルを建設する時には、3者合意。経済的にもそんなに格差はなかったと言います。ところが20年もたつと所有者間の立ち位置も変わり、経済的に最も苦しいCさんの意見に合わせざるをえなくなる、そんな苦い体験をしたのでした。

分譲マンションはほとんどが区分所有形態。私もその当時は新築マンションを購入して住んでいましたが、このマンションが20年、30年と時を重ねていくにつれ、はじめこそは、同じような家族構成、同じような経済状態であったはずの所有者の置かれる環境がどんどん変化していきます。その時に本当にみんなの合意なんて取れるのだろうか、という疑問につながったのでした。

案の定、今国内の多くの老朽化マンションで、区分所有者の意見がまとまらずに、建て替えはおろか大規模修繕すらままならないマンションが増えてきています。国も区分所有法の一部を改正して、建て替えは区分所有者の5分の4、大規模修繕は4分の3で決議できるようにルールを緩和していますが、実際の現場では、いくら決議できたとしても、反対する人たちの中に寝たきりのお婆ちゃんがいたら誰が彼女を部屋から引きずり出すのだという議論になると、どうにもならないといった実情を目にするのです。

マンションという居住形態は、誕生してからしばらくは戸建て住宅を買うまでの一時的な住まいと認識されてきましたが、今では「永住の住処」として扱われるようになりました。たしかに構造躯体も設備仕様も以前のものに比べて良いものが増えているいっぽうで、マンションはやはり寿命がある建物です。経年劣化とともに、必要な修繕や建て替えが必要になってきます。

その時にみなが合意してスムーズに事が運べるマンションは実はとても少ないのです。したがって、お年寄りの所有者が、

「わしはこのマンションに死ぬまで住むのだから、修繕などいらん。ほっといてくれ」

などと言い出すと、実は健全な資産価値の維持が難しくなってしまうのです。

また、お年寄りが、まさに永住してお亡くなりになったあと、そのマンションに相続人がそのまま住むこともなく、相続登記もせず、また管理組合に相続の事実も知らせず、放置プレイ状態になるマンション住戸も、古いマンションを中心に頻発しています。こうした事実を鑑《かんが》みると、マンションは永住のための資産としてはあまりに脆《ぜい》弱《じゃく》なのではないかと思われます。

不動産の絶対的な価値はやはり土地にある。長く不動産のプロとして住宅に向かい

合うと、私はこう考えてしまうのです。

繰り返しになりますが、マンションの持つ優位性はその利便性、取り扱いの良さにあります。いっぽうで長くその価値を維持し続けるには、多数の区分所有者でひとつのプロパティを維持管理し、価値を向上させていくにはきわめて取り扱いがしにくい資産、それがマンションなのです。

住むために便利なマンションを使うのならば、都会にある、つまり利便性を一番享受できる場所にある、賃貸に限る、これが私の結論です。

タワマンは短期で売り抜けろ

第1章で、タワマンは1日過ごしてみるとたいして楽しい住宅ではないと言いました。それでも実際の販売状況を見ると、タワマンはまだまだ人気があるように見えます。私の知り合いやお客様でもタワマンを買った方、現在住んでいる方は大勢います。

タワマンは、当初は月島《つきしま》、勝《かち》どき、芝浦《しばうら》といった東京湾岸部に続々立ち上がり、その後、内陸部にも広がりました。神奈川県川崎《かわさき》市の武蔵小杉《むさしこすぎ》駅近辺は、もともとNE

Cや富士通などの工場街であったところが、工場の移転に伴って再開発され、今や「タワマンの街」として全国的に知られるようになりました。東京都品川区の東急目黒線武蔵小山《むさしこやま》駅周辺も、東急線の地下化により再開発が活発になり、大手デベロッパーが中心になってタワマンが続々建設中です。同じく「武蔵」という地名が付く場所ではJR中央線の武蔵小金井《むさしこがねい》駅前でもタワマンが立ち上がり、まるで「タワマン武蔵三兄弟」のようになってきました。

では、タワマンを買ったほうがよいのでしょうか、買わないほうがよいのでしょうか。この質問はメディアやお客様から大変よく受けます。結論を言います。

投資として妙味があると思うのならば「買い」です。自分が住む住宅として「買う」のはどうでしょうか。短期間で売り抜けができるのならば買ってもよいです。ただし、買って長く住む、ましてや永住しようとするのならば、やめたほうがよいです。

実際、私のお客様でも2007年頃から2016年くらいまでの期間、主に投資用としてタワマンを買った人の多くは、その後売却して大きな差益を享受しています。ただし、2017年以降に買った人で、現時点で大きな含み益を出している人は少ないように思われます。２０１３年から始まった安倍政権による金融緩和策は、マーケットに大量のマネーを供給しました。このマネーは本来、産業振興に使われるべきものでしたが、国内に成長産業が少なく、大企業はしこたま内部留保したマネーがあるため資金需要がありません。そこでマネーが向かったのが株式と不動産です。少し経済をかじった人ならば、この金融緩和策で儲けることは実にたやすいことでした。もちろん十分な軍資金があってのことですが。

２０１２年末の日経平均株価は１万３９５円。アベノミクスが発表されるや株価は急上昇し、２０１３年末には１万６２９１円に。わずか１年で56・７％もの爆上げをします。２０２０年末で、日経平均株価はさらに２万７４４４円まで上昇していきます。この緩和策をだらだら続けたおかげで、８年間で２・64倍もの高騰です。

不動産にもマネーが潤沢に供給されました。次のグラフは、大手不動産会社である住友不動産、三井不動産、三菱地所の有利子負債の推移です。【81ページ・図表⑨】アベノミクス前の２０１２年度決算を皮切りに最新の決算値を見ると、各社の有利子負債が年々急増していることがわかります。特に住友、三井の２社は、３兆円台半ばに達しています。住友は売上高の３・５倍、三井も同１・９倍という凄《すさ》まじい伸びぶりです。いかに彼らに潤沢なマネーが供給されたかがわかります。これらのマネーが都心再開発に充当され、東京都心をはじめとして多くの都市で2013年を境に地価が上昇を始めるきっかけとなったのです。

タワマン投資は、この流れに乗って実行した人に大きな果実をもたらしました。中には買ってからただの1回も住むことなく、転売して儲けた人もいます。だって投資用ですから。また投資マネーは国内だけではなく、海外からも大量に流入しました。中国、台湾をはじめとするアジアマネーです。特に中国人は、自国内で不動産を持つことはリスクが高いことから、世界中で不動産などに投資して自らの資産の分散化を図っています。日本の不動産は私権が強く、しかも外国人が所有するにあたってもほとんど制限がないため、彼らには大変人気があります。

これらのマネーに支えられて、タワマンをはじめ、この期間中に不動産を取得した人の多くが含み益という果実を得ることができたのです。

ただし、マネーは気まぐれです。株式投資がそうであるように、タワマンについても売り時が肝心です。タワマンは新築マンションマーケットの5分の1を占める、ごく当たり前のマンションです。市況を見ながらタイミングを見て早期に売る、が勝ち

図表⑨　大手不動産会社有利子負債推移

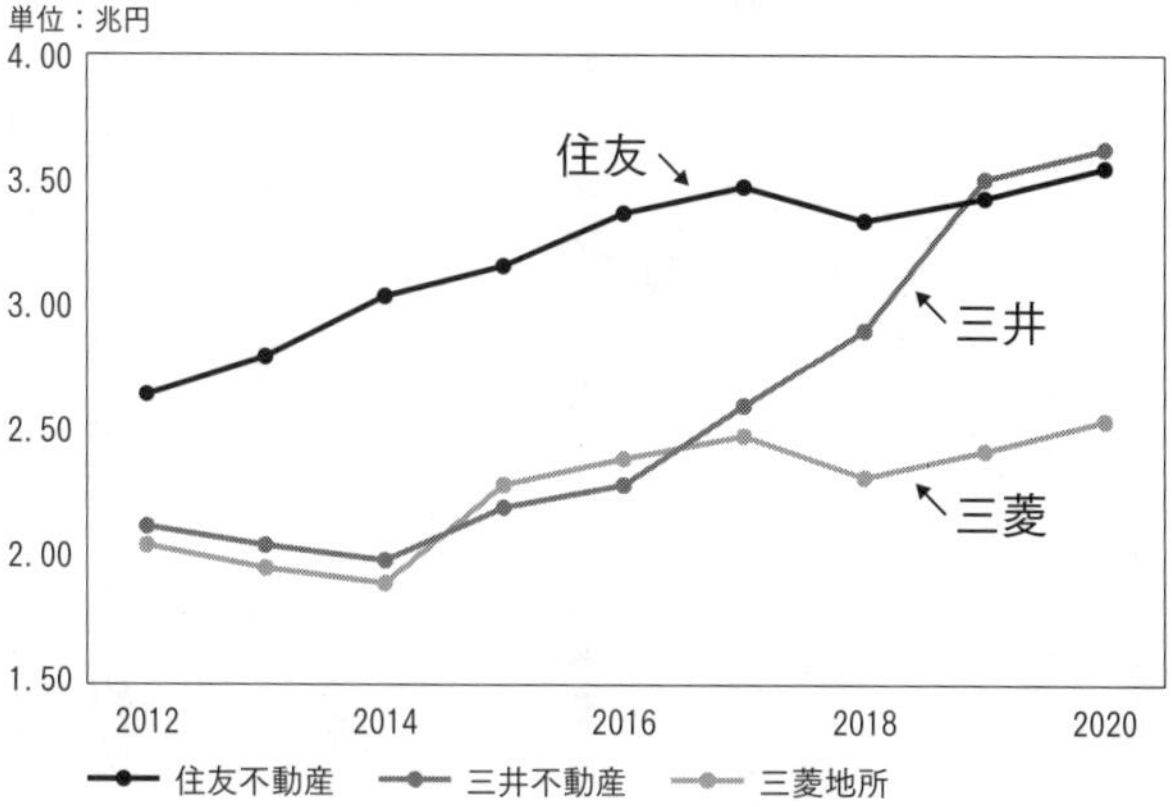

出所：各社有価証券報告書

です。

よく不動産は5年以上所有して売却すれば長期譲渡として譲渡税が安くなるから、最低でも5年は所有したほうがよい、というアドバイスを耳にしますが、タワマン相場で遊んでいる人たちは、株式のそれと同じです。タイミングが命で、税金を安くするために、売り時を失《しっ》してしまっては元も子もありません。

いっぽうで長期間保有する、あるいは永住するという選択はしないほうがよいです。タワマンは修繕コストも高く、区分所有者が数百人から1000人を超えます。長く所有するほど区分所有者間の合意は取りづらくなります。ただでさえ、同じマンション内でのコミュニティも他のマンションと比べて劣るのがタワマンです。所有者が投資家、外国人、相続対策、居住者などさまざまな顔を持つほど、合意形成のハードルは上がります。

タワマンはお好きならどうぞ。ただし相場のこれからの変化を見通して、大きな株式投資を行なうくらいの判断と決断が必要です。そして、住宅として住むなら早めに転売できる物件にすることです。

買ったマンションのエグジットを考える

タワマンに限らず、マンションは永住を目的とするような住宅ではありません。築年数が経過すればするほど、管理組合内での合意形成は難しくなり、来るべき大規模修繕すらままならなくなるのが、老朽化マンションの行きつく先なのです。

ところが、昭和世代の中には、

「あらあら違うわよ。マンションは値上がりするのだから買うのが一番」

と信じ込んでいる人がいまだに多くいます。実例で見てみましょう。このマンションは、１９７１年に横浜《よこはま》市内に建設分譲されたものです。【図表⑩】

図表⑩

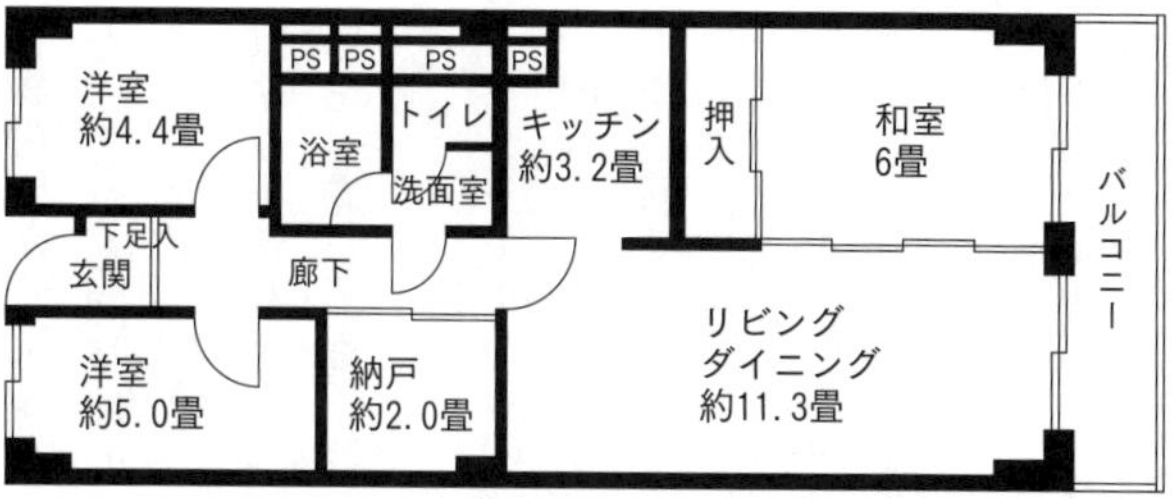

東横線沿線（横浜市内）
1971年築マンション70㎡

図表⑪

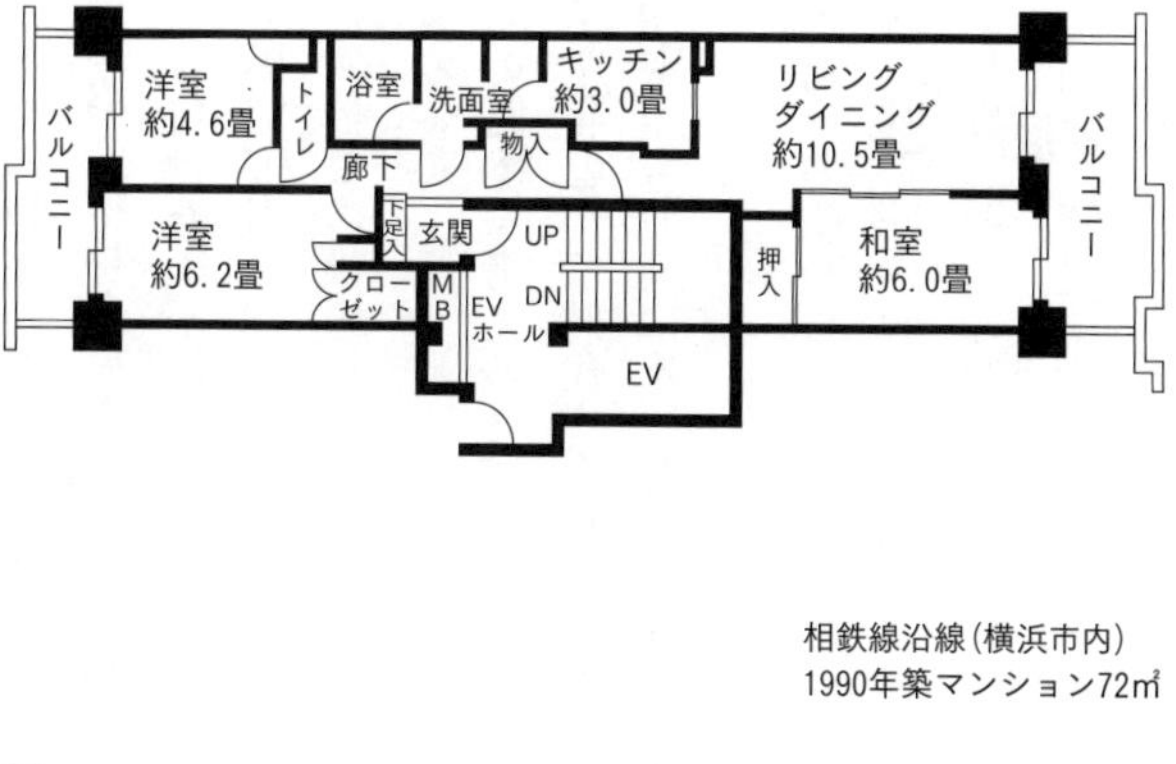

相鉄線沿線（横浜市内）
1990年築マンション72㎡

東急東横線の駅から徒歩約5分、住戸面積は約70㎡。当時の販売価格は、約800万円でした。これと同じ棟の同じタイプの部屋の中古価格の推移を見ると、平成初期、いわゆる平成バブル時代には、一時7000万円台を付けたのが最高価格です。その後、価格は下落しましたが、現在でも約3200万円で取引されています。つまり、築50年を経過しても、買った時点の価格（簿価）の4倍もの価値をつけているのが実態です。

しかし、1971年からの50年間の日本と、これからの日本を考えると、もはやこの先、この理論は当てはまりそうにありません。1971年という時代を今振り返れば、日本は伸び筋であったために、一般庶民が暮らす住宅でも簿価に比べれば現在でも価値を維持していることになります。

次に、同じ横浜市内に1990年に分譲された相模鉄道線の駅から徒歩約5分程度のマンションの事例を見てみましょう。【前ページ・図表⑪】住戸面積は約72㎡。バブル絶頂期になりかかる時代の販売価格は5500万円程度。その後2年弱で一時は8300万円ほどに値上がりしましたが、バブル崩壊で下落。現在は4700万円。30年間で価格は15%下落しています。

写真①　　同潤会青山アパート（現・表参道ヒルズ）

この事例は横浜市内なのでまだ価格は維持されているほうです。バブル期に東京近郊で販売された多くの分譲マンションが、その価値が5分の1、中には10分の1近くに下落している物件もざらにあります。

築年数が経過しても価値を落とさないマンションは「ヴィンテージマンション」などと呼ばれますが、それはかつて青山にあった同潤会青山アパートなどを指します。【写真①】

青山や四谷、白金などのブランド立地にあって、総戸数が少ない築古マンションは、容積率を使い切っていないことも相まって、建て替えにあたっては価値が増幅する、しかも立地が良いので土地の含み益が実現できる、などの理由で重宝がられますが、多くの普通のマンションは、30年以上も経過すれば、ただの古臭いマンションになり果てるだけです。

そうした意味では、マンションを買って住むということは、これからの日本全体、あるいは買ったマンションのある街や地域の今後の発展性に賭けることになります。また売りたいと思った時にすぐさま行動に出ることが必須となります。

だから、「子供の学校が――」「近所にお友達がたくさんできたから――」などの理由でぐずぐずしていたらダメなのです。またそういった普通の生活をしている人が、マンションでひと儲けしようと企《たくら》んでいる人たちと同じように行動して儲けることがなかなかできないのは、株式取引の世界と同じです。

ここまで考えてくるとどうでしょうか。これからの日本、少子高齢化はもとより、どうも世界経済からは徐々に後れを取り始めている事実は認めざるをえません。ならば、人が集まるエリアに建つマンションを狙うしかないですよね。

ということで、週刊誌などの値上がりするマンションなどの特集を読み漁《あさ》ることになるわけですが、私から見ればしょせん、素人《しろうと》の株式投資と一緒です。もちろん、本格的に不動産投資を行ないたい人にはそれなりに指南はできますが、今回のようにたまたまアベノミクスの金融大緩和という、素人でもわかるマネーの還流に乗っただけの儲け話は、私にはただの幸運としか思えません。

これからは、タワマンのような大型マンションへの投資はあまりおすすめできません。私なら多少古くても、住居面積が狭くても、ブランド立地にある総戸数、数十戸程度の中古マンションを買います。値崩れする可能性が小さいからです。大型のマンション、特に投資用で買う人が多いタワマンなどでは、売却のタイミングになると、たくさんの住戸が一時《いっとき》に売りに出ます。棟によっては一時に数十戸が売りに出たなどという事例もあります。一時にたくさんの住戸が売りに出されれば、価格はよほど良いタイミングでないかぎり、当然叩かれます。あまり儲からないのです。不動産は希少性がものを言う世界ですから。

私たちプロの間では、不動産投資は売り＝エグジット（出口）が肝心と言われます。マンションはこのエグジット戦略が重要になります。永住してしまうと後々苦労する。途中で売却（エグジット）することを常に念頭に入れて持つのが、マンションなのです。

駅前市街地再開発マンションは買いか？

最近街を歩くと、ＪＲや私鉄の駅前で昔は商店街だったところに囲いがされ、再開発を告知する看板が掲示されている姿をよく見かけます。看板の事業者の欄には「○○町××丁目第一種市街地再開発組合」といった名称が掲げられています。

これは、平成バブル時代に流行《はや》った不動産業者による地上げではありません。たとえば、駅前商店街などで、地権者が共同して再開発を行なう形態のもので、法定再開発手法のひとつです。

「市街地再開発事業」とは都市再開発法に定められた開発形態で、老朽化した木造建築物や細分化された権利関係を整理し、土地の高度利用と都市機能の更新を目指す事業に対して、事業費の一定割合を補助することを目的にしたものです。

具体的には、土地の高度利用によって生まれる新たな床（保留床）を新たな居住者や事業者に売却することによって事業費を賄い、権利者は自身の持つ従前資産の評価に見合った分の床（権利床）を獲得することで、基本的に事業費の負担なく再開発の恩恵を受けられる第一種事業（権利変換方式）と、施行地区内の土地建物をいったん施工者が買い取って、従前の権利者が希望すれば相当分の床を与える第二種事業に分かれます。

以前は、地方公共団体や都市再生機構などによる第二種事業が盛んに行なわれましたが、最近の主流は第一種事業、つまり地権者たちが中心になって再開発を行なうものです。

全国でどのくらい行なわれているかと言えば、国土交通省の調べでは、事業が開始された1969年から2017年までの49年間で1077地区が実施され、うち919区が完了、現在でも100以上の地区で計画中とされています。

鉄道駅の駅前地区などで市街地再開発が盛んになっている背景には、駅前商店街の多くが衰退していることがあります。郊外を中心に大型商業施設が展開し、顧客を奪われているだけでなく、昭和から平成にかけて店を守ってきた店主たちの高齢化が進み、事業承継もままならなくなっているのです。

駅前商店街にある店舗の多くは、土地面積も数坪からせいぜい30坪程度と小さく、単体で売却しようにも買い手はなかなか出現しません。平成バブル時代であれば、札束を持った地上げ屋がやってきて、目を見張るような値段で買ってくれましたが、今ではこうした形態の土地売買はあまり見かけなくなりました。

開発したいデベロッパーから見ても1軒1軒地上げしていくのは、バブル時代のように地価がばんばん値上がりする時代ならばともかく、開発するのに必要な面積を確保するまでに時間がかかりすぎます。上場会社であれば、こんな時間ばかりかける事業を、株主や金融機関が許してくれません。

そこで利用されるようになったのが、この市街地再開発事業です。彼らは、商店街の顔役にアプローチします。対象となるエリアの商店主などに声がけして、再開発を提案するのです。大手デベロッパーの名前などを聞くと、事業をやめて売りたがっていた店主たちは、

「おお、うちの土地でも買ってくれるんかい」

となるわけです。売りたくないし、商売は続けたいという店主は、

「こんちきしょう。地上げだろう。絶対売らないぞ」

と、警戒心を剝《む》き出しにしますが単なる地上げではないとわかると、興味を持って話を聞き始めます。

この第一種市街地再開発事業は権利者全員で再開発組合を組成、権利を持ち寄ってデベロッパーやゼネコンに委託、開発してもらうものです。そのために必要な資金は

公的な補助金と、できあがる保留床を大手デベロッパーなどが買い取ってくれる資金で賄えるので、店主たちは基本的には自己負担をすることはありません。

これまでのお店をやめて大家になりたい人は、自分の権利床はテナントに貸すことができるし、お店を続けたい人は、自分が使う床を以前とは比べものにならない立派な建物内に確保できます。そして、これらの開発には自治体から補助金が出ます。夢のような仕組みなのです。そういうわけで、現在東京都内のみならず、全国各地の駅前を中心にこの市街地再開発事業が花盛りになっているのです。

このようにして建設された建物はその多くがいわゆるタワマンとなります。市街地再開発事業はそもそも土地利用の高度化を推進していますので、該当エリア内の容積率を大幅に嵩上《かさあ》げしているため、得ることができた多くの床面積をデベロッパーなどがマンションとして分譲するのです。

市街地再開発事業は、ＪＲや私鉄の駅前などに昔からある商店街が対象となることから、多くが駅近です。そして建物の低層部にはもともとの地権者である商店などがそのまま出店をする、また補助金を出した自治体が、図書館や公民館、保育所などの施設を設置します。この手法によって、単体では価値があまりなかった土地が大きな価値を生み出すことになるのです。

マンションの買い手のプロフィールを見ると、都内であれば、おそらくそれまではエリアにあまり関係のなかった人たちが主体です。何といっても駅前。そして勤務先の大手町や新宿まで近い。夫婦共働きのパワーカップルが、その街の歴史とか伝統を気にすることなくダブルローンを組んで買う。彼らはそもそも商店街なんかで買い物はしないし、会社に近くて、子供を預ける保育所があればオッケーですから。

地方では、まずはその土地の富裕層が見栄で買います。駅前の超高層マンション、天下を取ったような気分で周囲に自慢できます。次に郊外に住んでいた住民が高齢となり、何かと便利な市の中心部に集まってきます。コンパクト化という現象です。

ここに加わるのが、東京などの大都市に住む投資家たちです。彼らはあまりに高くなってしまった東京の不動産に食傷気味。彼らの目には地方駅前のタワマンがずいぶんお安いものに映《うつ》ります。賃料も土地代ほど東京と地方の差はありません。つまり利回りは高い。価格が安いだけではないのです。土地代が安いので価格のほとんどが建物代。建物は償却対象となるので投資には有利です。金利が低い今がチャンスというわけです。

こうしたさまざまな人たちの思惑が集まってマーケットは生まれています。だからこれらの開発に、その街が大切に育《はぐく》んできた伝統や文化の香りだとか、歴史、未来への思いなどはあまり関係がありません。ましてや地元の人たちとの交流など、多くの人たちは関心が薄いのが実態です。そもそも地元の人たちが買えるようなお値段のマンションは、こうした再開発ではほとんど存在しないのです。

その結果として、どこの街の市街地再開発もほぼ同じような「顔」になります。これは日本全国どこの道を走っても、沿道に並ぶのはチェーンを主体とした同じような飲食店であること、地方のどの大型商業施設に足を運んでも東京資本の同じ看板の物販店ばかりであることと同じ現象です。

では、こうした開発でできるマンションに価値はあるでしょうか。まず冷静に考えたいのが、開発される超高層建物のほとんどが複合施設であることです。住宅、商業店舗、オフィス、公共施設などのコンプレックスです。したがって、今後建物が老朽化した場合、これらの用途の異なる床が混在する建物をどのように運営管理していくかが問題になります。また地権者が持つ床は自分たちの店舗や住居だけでなく、賃貸資産としてマンションを区分所有している場合が多いのです。

このマンションに賃借人として入居すれば、たしかに快適でしょう。しかし、氏素《うじす》性《じょう》の異なる人たちや公共施設などが入り込み、建物内用途もバラバラになると、資産価値を維持していくことは難しくなります。互いの合意形成は通常のマンション以上に難しくなることは自明でしょう。

市街地再開発事業でできるマンション、賃貸は○ですが、所有はよく考えたほうがよさそうです。もし買うのなら、タワマンの法則＝短期で人気のあるうちに売る（エグジットする）が正解です。

定借マンションを買ってはいけない

マンションの資産価値はそのほとんどが建物にあります。なぜなら区分所有者が所有する土地の持ち分はきわめて小さいからです。タワマンなどはその代表例で、都内で分譲されるタワマンの多くが、区分所有者の土地の持ち分はわずか数坪程度です。つまり８０００万円、１億円も出して手に入れる土地は、ほんのわずかなのです。ということは、出したお金のほとんどが建物代ということになります。

マンション分譲の中に、「定期借地権付きマンション（定借マンション）」というカテゴリーがあります。土地は借りるだけで、上物である建物だけを所有するというものです。一見すると合理的な考え方に見えます。どうせ数坪程度の土地持ち分しかないのなら、土地は持たずに建物だけ持てば安くてすむ。自分一代で住みつぶすのなら、このほうがあと腐《くさ》れもないというわけです。

「定期借地権」とは、1992年8月に定められた借地借家法に基づく借地権を指します。それ以前の借地権は普通借地権が主体であり、借地権者の権利が強く保護されている日本においては、「一度土地を貸したら二度と戻ってはこない」とまで称されるほど強い権利として認識されていました。具体的には借地期間が終了しても、普通借地契約は建物が存続する限りは法定更新が認められます。また借地権者は底地権者に対して建物を買い取ってもらう、買取請求権があるなど借地権者側に圧倒的に有利な契約となっていたのです。

バブル経済の到来による土地価格の上昇を受け、少しでも土地の利活用を増やそうという狙いで定期借地権が制定されたと言われています。

これを分譲マンションとして販売するようにしたのが、いわゆる「定期借地権付きマンション」です。このマンションは土地の所有権がありません。その代わり、マンション敷地に対して定期借地権を設定します。この借地権は通常50年程度の期限を設け、期限到来後は敷地の上に建つマンションを取り壊し、更地《さらち》にして返還する仕組みになっています。なお、契約の更新はありませんので、期限が到来した場合には、必ず更地に戻して地主に土地を返還しなければなりません。

土地代が分譲価格の中に入りませんので、その分全体の価格は安くなります。タワマンではない、一般のマンションであれば土地代が3割、建物が7割とすれば分譲価格は所有権分譲のマンションに比べ約3割程度安くなるというのが理屈です。

もっとも、借地をしているので借地代がかかってきます。これは借地代を月割りにして毎月の管理費、修繕積立金に加えて「借地料」という別項目の請求がなされることになります。土地代が含まれずに分譲価格が安いということで特に都心部の利便性の高い土地のマンションで採用されている販売手法です。

この定借マンションにはたして資産価値はあるのでしょうか。何しろ年々減価していく建物のみが資産です。原理としては建物の価値が経年劣化していくのに伴って、資産価値としての定借マンションはその資産価値を減じていくと考えるのが普通です。

また定借マンションを購入する側もマンションとしての資産価値の上昇に期待しないのであれば、土地代のかからないマンションはお得に見えます。ましてや土地代の高騰が続く都内のマンションであれば、価格の安さは魅力的でしょう。ブランド立地であれば、通常よりも安い価格で超高級なアドレスが手に入るのですから。

ただ、この定借マンションはけっこうな曲者《くせもの》です。途中で売りたくなってもなかなか売れないのです。いくら期間が50年以上といっても時は流れるもの。まだまだと思っていた期限がやがて訪れます。１９９２年に定期借地権として制定されてからもすでに30年近くが経過しています。

期限が近づくほど定借マンションは中古流通マーケットにおいてその価値を減じていくと言われています。当たり前のことですが、残存期間が少ないということは利用可能な年月が短いということです。価値は当然下落してしかるべきです。また期限満了時には現建物を解体して更地化し、地主に返還しなければなりません。その機会に立ち会いたくないし、できればコストも積立金の範囲でできるのならばよいですが、追加負担でも発生しようものならなるべくそうした事態は回避したいというのが、中古定借マンションに潜《ひそ》むリスクです。

さらにもうひとつ困った事象があります。マンション管理の問題です。実は建物修繕で最もやっかいなのが、定借マンションなのです。

建物のみが資産であるのだから、自分たちの大切な資産であるはずの建物の修繕を「なるべくやりたくない」という区分所有者が多いのです。特に築年が古くなり、そろそろ大規模修繕を検討しなければならない定借マンションからこうした事態が起こっています。

つまり、老い先短い建物にはなるべくカネをかけたくない、というのが本音なのです。もともと不動産価値に重きを置かずに建物としての「利用価値」に着眼して買い求めたマンションです。この建物に多額の費用を投じて修繕を施すのはもったいないというわけです。

初期に販売された定借マンションでは、建物大規模修繕の話が持ち上がっていますが、多くの管理組合でその実施を巡って揉《も》めているようです。管理会社としては建物の修繕や設備更新はどうしてもやってもらいたいものの、管理組合の承認が得られないからにはなす術《すべ》がありません。

もうひとつが相続の問題です。区分所有者が亡くなって相続が発生しても相続人がマンションを引き取りたがらない事例が頻発しているのです。誰しもが今後どんどん価値がなくなる不動産なんて引き継ぎたくはないもの。だいいち、解体費用まで追加で負担させられた日には借金を相続したも同然です。

資産価値がまったくなくても、不動産は耐久消費財のように簡単には処分ができません。建物を解体するには多額の費用がかかります。実は多くの定借マンションの管理組合において、定期借地権の期限到来時に解体に必要な積立金は十分な額には達しないそうです。

「住みつぶす」という一見合理的な発想の陰にも悩ましい問題が横たわっています。定借マンションは一見すると安くて合理的に見えますが、実はやっかいもの。買うのはおすすめできません。

マンションを買うなら、「換金性」重視

マンションを買う人にアドバイスしたいのが、マンションは常に換金性を意識してほしいということです。私から見て、マンションは自分が住むのなら賃貸がよいと思いますが、所有したいのならば換金性に優《すぐ》れたマンションをおすすめします。

では、換金性の良いマンションとはどのようなマンションでしょうか。

①新築か中古か

これはあまり関係ありません。新築のほうが換金しやすそうに見えますが、売る時は中古です。新築マンションは通常デベロッパーの経費などが全体価格の3割程度乗っています。つまり割高です。中古の場合はこれらの経費は関係なく、マーケット相場になっています。ただし、中古物件を選ぶ際はなるべく築7年から8年程度のものを選ぶことをおすすめします。この程度だと住設機器もまだ新しく、新たな投資が少なくなります。いっぽうでマンション内の人間関係や管理組合の状況などがおおむね巡航速度になっていて、コミュニティを見るにもちょうどよい頃合いです。また買って5年程度住んだ後売却するにも、築古ではなく売りやすいです。

②都会か郊外か

断然、都会のマンションが買いです。換金しやすいのは都会立地です。できれば、実需のみならず投資マネーなどが入るエリアのマンションがおすすめです。郊外でも、ある程度の規模の衛星都市であれば駅近の物件なら良いものがあります。日本はアメリカなどとは違って鉄道社会です。働き方が多様化するとはいえ、通勤というスタイルは残っていきます。したがって、鉄道駅から近いことは絶対条件です。できれば駅から徒歩５分以内がよいです。

③大規模物件か中小物件か

換金しやすいのは大規模の有名マンションと考えがちですが、立地の良い中規模くらいのマンションがよいです。中規模とは50戸から１００戸程度です。20戸から30戸程度のマンションだと、どうしても経年で管理費や修繕積立金が割高になります。

大規模マンションだと、先述したように売却時にほかに多くの同タイプの部屋が売りに出されたりして、意外と売りづらいものです。中規模で質の良いマンションであれば、希少性から思わぬ高値で売れるケースがあります。

④建物形態

複合ビルはＮＧです。用途が違うと、所有者間の意見がまとまりにくくなります。

所有形態はなるべくシンプルにしたいものです。市街地再開発事業などの複合開発は、地権者の床と分譲で取得した所有者の床が混在します。新しく購入して入ってきた所有者=新住民と、元からの地権者=旧住民は、必ずしも趣向や考えている方向性が一致するわけではありません。

同様に中規模マンションでも、「等価交換」という手法で作られているマンションは同じ問題が起こります。等価交換とは、地主の資金負担なく、建物建築資金をデベロッパーが負担して、その金額相当分の土地と交換して、地主持ち分(多くは賃貸)とデベロッパー持ち分(多くは分譲)に分けて所有しますので、基本的には属性の違う所有者が同じ建物を所有するという、再開発ビルなどと同じ構造になります。

買うのなら、なるべくシンプルな用途で、全員が新たに購入して所有する形態のものがよく、次に売却する時も売りやすいです。

⑤所有形態

定借マンションはおすすめできません。また土地所有権のあるマンションでも、古いマンションになると建物内に多くの賃貸住戸が存在することがあります。賃貸している所有者とマンション内に居住する所有者との間にも、トラブルは生じがちです。そうした意味ではまだ所有者の家族構成が変化していない、築10年以内くらいのマンションが住みやすく、また換金性にも優れていると言えます。

マンションは都会に住む、忙しいビジネスパーソンや高齢者には実に快適な住まいです。ただ繰り返しになりますが、マンションを買ってただ持っていたらどんどん値上がりして儲かっちゃった、といったポエムには惑《まど》わされないほうがよいでしょう。日本が経済的にも躍進している、都会に人がどんどん集まってくる、などの要素が今後も大いに期待できるのなら、この成功の方程式には期待してよいでしょう。

マンションは不動産そのものの価値としては、そのほとんどが建物としての価値しかありません。したがって経年とともに資産価値が劣化することを防げません。であるがゆえに、途中で換金しなければなりません。したがって換金性に優れ、建物の劣化よりも、その立地に魅力を感じる多くの人が押し寄せるようであるならば、そのマンションの価値は保たれ、思わぬ高値で売れることでしょう。

ただ多くの方が気づいているように、日本も東京も昔のように新陳代謝が活発な国や街ではなくなりつつあります。であるならば、マンション投資というプロの世界で博打を打つよりも、マンションの良さをたっぷり享受できる賃貸マンションを選ぶのが、これからの時代には賢明であると思います。

第4章

令和時代の新・戸建て住宅の買い方、選び方

郊外戸建て、売れてます！

コロナ禍がなかなか終息しない中で、メディアなどで郊外の戸建て住宅が売れているといった情報が飛び交っています。次の表は、東日本不動産流通機構調べの2020年における首都圏1都3県の戸建て住宅の成約状況を新築、中古別に表わしたものです。【図表⑫】

新築住宅は、都区部から郊外部までほぼ満遍なく売れています。中古住宅については東京都内で前年より件数が落ちたいっぽうで、神奈川県を筆頭に埼玉県、千葉県もよく売れています。

中古住宅の成約状況をもう少し詳しく見てみましょう。2020年の4月、1回目の緊急事態宣言が発令された際には、不動産流通マーケットがほぼストップする状況に陥りました。その影響で首都圏の中古戸建て住宅の成約件数は2638件と前年同期比で22%もの落ち込みになりました。その後のマーケットを四半期ごとに見たのが、次の表です。【図表⑬】

2020年7月から9月の第3四半期から成約件数は上昇を始め、第4四半期から翌年の第1、第2四半期とも急上昇している様子がうかがえます。2021年の第2

図表⑫　首都圏新築・中古戸建て住宅成約戸数（2020年）

	新築（戸）	対前年比（%）	中古（戸）	対前年比（%）
都区部	763	10.1%	2,259	-3.1%
多摩	792	8.9%	1,787	-1.5%
埼玉	1,346	10.5%	2,661	3.0%
千葉	981	5.9%	2,861	2.9%
神奈川	2,452	6.2%	3,780	7.1%
首都圏	6,334	7.9%	13,348	2.4%

出所：東日本不動産流通機構

図表⑬　首都圏中古戸建て住宅成約件数比較（2019年〜21年）

	2019	2020	対前年同期比	2021	対前年同期比	対19年同期比
1〜3月期	3,292	3,335	1.3%	4,207	26.1%	27.8%
4〜6月期	3,387	2,638	-22.1%	4,086	57.0%	20.6%
7〜9月期	3,377	3,664	8.5%			
10〜12月期	2,981	3,711	24.5%			
計	13,037	13,348	2.4%			

出所：東日本不動産流通機構

四半期については2020年の同時期に大きく数値が落ち込んでいるので、単純比較は難しいです。そこで2019年の同時期と比較しても20%以上の伸びになっています。

たしかに中古戸建て住宅の成約件数は急上昇している、つまりよく売れているということは間違いなさそうです。

コロナ禍が蔓延した初期の頃は、こうした動きは一時的な現象と言われましたが、多くの企業でテレワークという新しい働き方が浸透してくるにつれて、郊外の戸建て住宅を探す動きはむしろ本格化しています。

これまでは、都心にあるオフィスに通勤することが当たり前であったものが、週1回、あるいは月2、3回程度の通勤をするだけで、あとは自宅や近所のコワーキングオフィスなどで働くことになれば、「会社ファースト」から「生活ファースト」の家選びに切り替わります。いきなり地方に移住するのは難しくとも、東京都の周囲3県や茨城、群馬、栃木、長野、山梨、静岡といった近県に家を持つことも現実味を帯びているのです。

東京都の住民基本台帳人口移動報告を見ると、さらにこの動きを裏づけるデータが拾えます。人口動態を考える際に必要なのは、人口の社会増減と自然増減です。社会増減とは地域への転入者と転出者の差を表わしたもので、自然増減とは地域内での出生数と死亡数の差を表わしたものです。

東京都は1997年以降、常に転入者が転出者を上回る「社会増」の状態を維持してきました。夫婦共働きが当たり前となって都心居住思考が強まる中、いわば東京都が常に人を集め続ける「ひとり勝ち」状態だったのです。2019年には年間で転入者が42万7307人に対して転出者は34万732人。差し引き8万6575人もの社会増を記録していました。【101ページ・図表⑭】

ところが2020年は、転入者40万1168人に対して転出者は36万2794人。転入者が2万6000人減り、転出者が2万2000人増えた結果、社会増は3万8374人にとどまりました。そして転出入の内訳を見ると、神奈川、千葉、埼玉の3県との間では1万6140人の転出増と、周辺に人々が脱出している様が浮かび上がってきます。

これをコロナ禍に見舞われた2020年4月以降、月別で見ると驚くべきことがわかります。【101ページ・図表⑮】2020年7月以降、東京都では毎月人口の社会減、つまり転入者より転出者が多い状態が2021年2月まで8カ月連続で続いたのでした。例年3月、4月は進入学や就職、部署異動などで、東京都は大幅な転入増になります。そうした意味では2021年3月から社会増状態に転じるのは不思議ではないのですが、問題は全体人口です。

東京都は2021年になってからは各月の人口が、前年同月の数を上回れない事態に陥っているのです。東京から人々が着実に脱出していることは、どうやら間違いないようです。

そして、郊外に転じた人たちが積極的に戸建て住宅を探している。アフター・コロナを見据えた家選びが始まっているのです。

中古戸建てを買う際のポイント

中古マンションを購入する際は、「専有部」と言われる実際に住む部屋の中と、マンション内のエントランスや廊下などの「共用部」を何回か見る。そしてできれば管理組合の会議の議事録や修繕状況、会計状況などを確認すれば、おおむね決断をしやすいのですが、戸建て住宅となると、どこをチェックすればよいか途方に暮れてしま

図表⑭　東京都転出入者増減推移

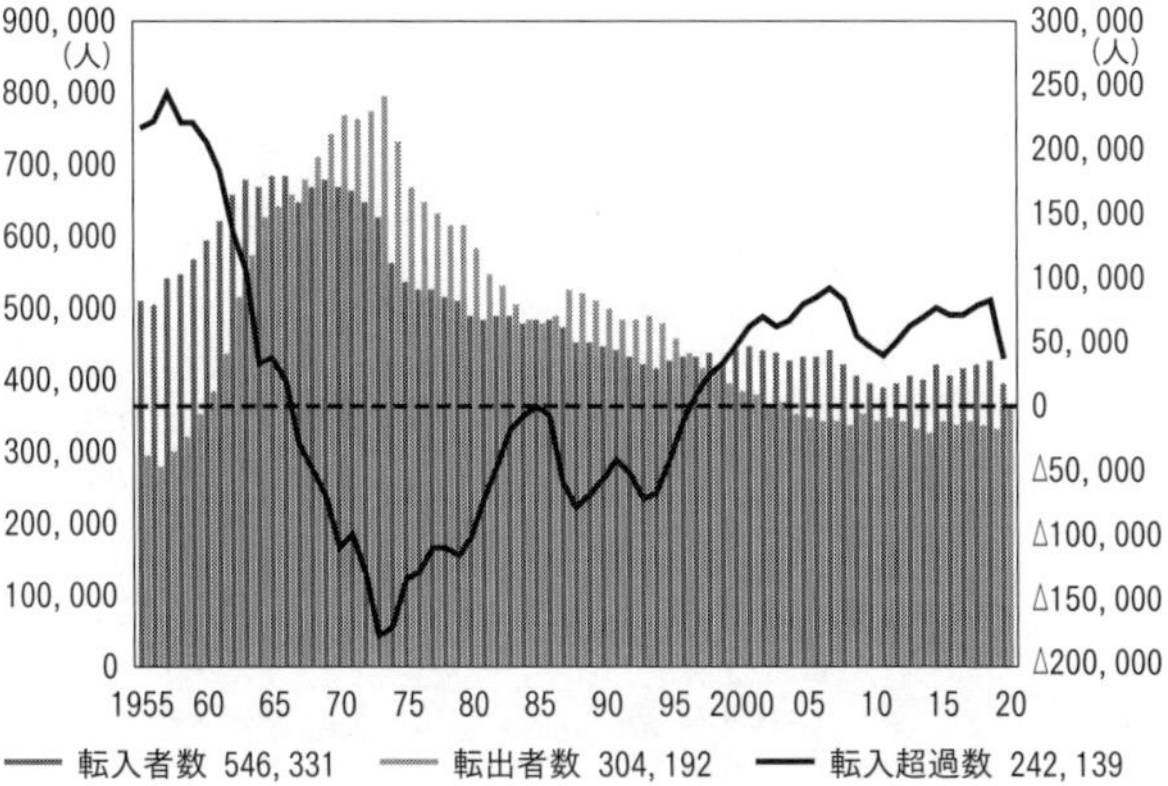

出所：東京都住民基本台帳より作成

図表⑮　東京都人口社会増減と人口対前年同月比

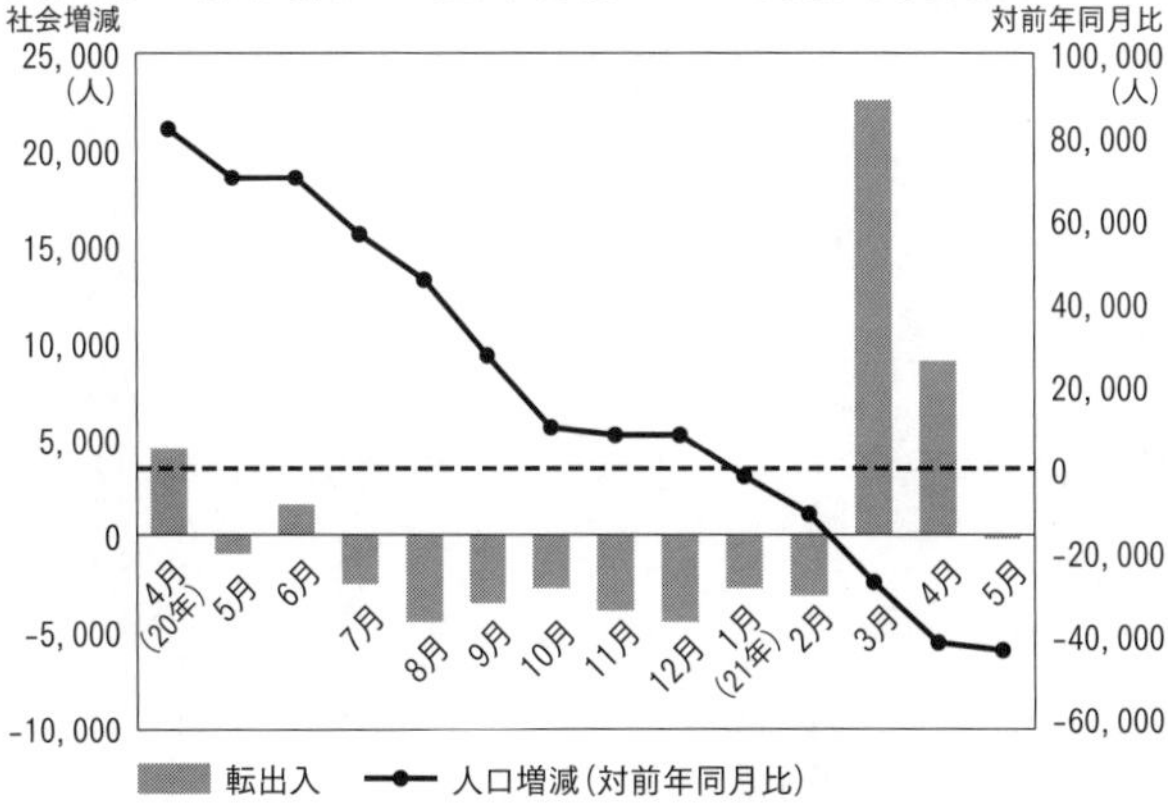

出所：東京都住民基本台帳より作成

う人が多いようです。

マンションは建物内の一部であり、しかも各住戸で面積や間取りに違いはあっても、あたかも工業製品のように均質ですが、戸建て住宅はまさに千差万別。隣り同士の家でも土地面積も建物床面積も異なります。

人気の中古戸建て住宅ですが、買う際のチェックポイントをまとめてみました。このポイントは一部新築建売の戸建て住宅を買う際にも参考になると思います。

①土地まわり

マンションと違って戸建て住宅は、土地をしっかりチェックすることからのスタートです。プロが真っ先に確認するのが土地の境界です。隣地との間、道路との間の境界がどこに存在するか、境界杭《きょうかいくい》を探して特定します。隣地の場合は隣地の所有者と売主の間にトラブルがないかも重要です。境界確認書などがあればベストです。なければあらためて作成して双方で確認することです。

また意外と見落としがちなのが道路です。道路にはおもに建築基準法で定められた道路と基準法施行前からある、幅員《ふくいん》が4m未満の道路で、特定行政庁から道路として指定された道路（いわゆる42条2項道路）があります。このほかに法人や個人が所有する敷地内に敷設した私道があります。

土地は基準法に定める道路に２ｍ以上接していないと建物が建築できません。こうした土地に建つ家を買って住むことはできますが、建て替えはできなくなります。また、接道している道路が42条2項道路のような４ｍ未満の道路の場合、道路の中心線から２ｍまで敷地をセットバックしなければなりません。つまりその分の土地上に建物は建設できなくなります。

中古住宅を買う際に最も気をつけたいのが、この道路と境界です。

②建物まわり

現代ではリニューアル技術が進歩し、築年が古い家でも快適な空間に変えて住むことができるようになりました。そういった意味では、中古戸建て住宅は自分の趣味や趣向に合わせてリニューアルを楽しみながら選ぶことができます。

ただ、２年以上ずっと利用されてこなかった家は、検討対象から外したほうがよいでしょう。特に木造戸建て住宅は湿気に弱く、春夏秋冬があって風雨にさらされると傷《いた》みが早まります。構造躯体に問題が生じる、長く利用されていなかったことから上下水道管から水漏れを起こす、シロアリなどが柱や床を食い荒らす、漏電が発生するなどはその多くが、十分な管理もされずに放置されてきた家です。どんなに気に入った家でもリニューアルに多額の費用がかかるケースが多いです。

外壁も重要なチェックポイントです。通常の木造住宅の場合は10年から15年の間で外壁やスレート葺《ぶ》きの屋根の塗り替えなどが必要になります。外壁にクラックがないか、屋根が傷んで雨漏りがないかなどがポイントになります。瓦《かわら》屋根でも瓦がずれている、あるいは破損していないかチェックが必要です。

③建物内、設備など

家の中、住設機器などはマンションとほとんど変わりがありません。私が注目するのは水まわり、キッチン、トイレ、浴室、洗面台です。これらは最新のものに更新できれば、新築と変わらない快適な生活ができます。水まわりは毎日使うものです。中古戸建て住宅を買う際には、水まわりのリニューアル費用も見積もって購入予算に組み込んでおくことをおすすめします。

浴室はマンションだとユニットバスが主体ですが、中古住宅の多くが壁にタイルなどを張り巡らした在来工法のものです。しかし、これもユニットバスに交換することは難しくありません。ユニットバスのほうがメンテナンスが楽なだけではなく、最近では高性能で快適な空間を提供するユニットバスが増えています。ユニットバスに更新することもおすすめです。同様に、洗面台やレンジや流し台も今は住設会社のショウルームに出向けばいくらでも好きなデザイン、性能のものに更新できます。

リニューアルを行なう際にもマンションなどと違って自分のスケジュールで自由に実施できる点も中古戸建て住宅を買う利点です。

繰り返しになりますが、業者の手によるリニューアル済みの物件はあまりおすすめできません。不具合のあるところを隠蔽されているリスクがあるからです。たとえば雨漏りがあって、天井にシミができていても、天井クロスを張り替えるだけで、当分はわかりませんので、台風の季節になってから発覚するなどということがよくあります。

中古物件はマンションも一緒で、自分でリニューアルをすることをおすすめします。どうもわれわれ日本人は住宅が足りない時代を長く過ごしてきたせいで、お仕着せの新築住宅に慣らされてきました。また家に対する思い入れも薄く、木造住宅であれば20年も住めばもう価値がないような考え方をしてきました。

現代は木造住宅の質も向上し、50年、100年でも耐えうるものが出てきています。都心での窮屈なマンション生活に別れを告げて、郊外で戸建て住宅を自分の好きなようにコーディネートして暮らす、そんな時代がもうそこまで来ているのです。

買ってはいけない、ニュータウン中古

郊外戸建て住宅と言えば、その代表格が戦後全国で開発されたニュータウンです。都市圏に地方から人々が集積する受け皿の役割を果たしたのが、ニュータウンです。代表的なものに東京の多摩《たま》ニュータウン、名古屋の高蔵寺《こうぞうじ》ニュータウン、そして大阪の千里《せんり》ニュータウンがあります。

ニュータウンには実は定義があります。国土交通省のホームページによれば、ニュータウンとは①1955年以降に開発された宅地、②計画戸数1000戸以上または計画人口3000人以上、③開発面積が16ha以上、の事業を言います。この定義によるニュータウンは全国で2022カ所、総開発面積で18・9万haにおよびます。これ

はほぼ大阪府の面積に匹敵します。現在でもまだ約40カ所で開発中とされます。

これらのニュータウンは１９７０年代に開発されたものが多く、そのほとんどが、現在では「オールドタウン」になっています。30〜40歳でこの街に住んだ人たちもすでに80代に、子供たちはすでに成人して40代・50代になっていますが、子供の多くは都内や近郊にすでに家を持ち、代替わりが行なわれていないのが実態です。

これらのニュータウンでは現在、相続が発生していくのにしたがって、子供が戻って住むことなく、これらの家を売却するケースが増えています。ニュータウンの多くは、郊外部の山林を開発造成しているため、街の中は坂が多く、住民の高齢化に伴って商業施設の多くが撤退。車を持たないと満足に買い物にも行けない中で、車の運転が厳しくなった高齢者も、ニュータウンの家を手放して街を離れるようになっています。

一時に大量の中古住宅が出回る。今生じているのがこのニュータウンでの大量の売却案件です。では、これらの家は郊外生活を送る上で「買い」でしょうか。答えは「否」です。

理由は簡単です。この街で育った子供世代が戻ってくるなら街に新陳代謝が発生して、街はふたたび活気づきますが、彼らの多くはすでに家を持ち、わざわざ坂が多くて生活利便施設も整わなくなってしまったニュータウンには戻ってきません。また、彼らの多くはニュータウンに郷愁を感じたりしないからです。彼らが過ごしたニュータウンは、父親がローンを背負いながら必死に働き、家では専業主婦だった母親が塾の送り迎えをし、中学校からは私立中学に通い、そのまま大学、会社に就職。地域での住民同士の交流なども少なく、近所の人の顔が思い浮かばない人が多いのです。

街は三代が暮らさないとコミュニティが形成されない、と言われます。三代住んだら江戸っ子と呼ばれるのも、同じ地域で世代が代替わりしていくことで、互いの絆《きずな》が生まれてくるからです。

これからの時代は、家が足りなかった時代の産物であるニュータウンにあえて住む理由が見当たりません。もちろんニュータウンの中には、地域の人たちが努力してコミュニティを作り、生活をエンジョイしているところもありますが、山や大地を切り崩して人工的に作り上げた街で、新しい文化や芸術が育つには、まだ相当の時間が必要です。そして多くのニュータウンがあまりに住民が高齢化して、街の新陳代謝が促進できない状態にまで追い込まれてしまっていると言わざるをえません。

今後も時代の経過とともにニュータウン内の中古戸建て住宅はどんどん売り物件として登場し、価格も安くなっていきます。しかし安ければ買い、という時代もすでに過ぎ去りました。大量の家が余っていく時代に、ニュータウンはもはやその役割を終えているのです。ニュータウンの中古、その多くは「買ってはいけない」です。

3階建て狭小戸建ての損得

不動産屋のチラシ広告などで最近目につくのが、敷地は60㎡程度と狭いのですが、建物は床面積で90㎡程度を確保した3階建ての戸建て住宅です。私の知り合いでも、都区部などでこうした家を買った人が何人かいます。よく売れているようで、こうした住宅を専門に扱って業績を急伸させている業者が、数多く出てきています。

敷地が狭いので1階はピロティにして駐車スペースにしているものもあります。リビングやダイニングは2階に設け、1階と3階部分に寝室を設けるようなスタイルが主体です。価格も場所によりますが、4000万円台から6000万円台とリーズナブルな物件もあって、マンションとも十分競合できる水準のものも多くあります。

こうした家が都内や近郊で増えてきたのには、理由があります。第2章でも触れた大量相続問題です。都区部に家を構えていた戦中世代は、これから相続が頻発します。その数の多さで時代を圧倒してきた団塊世代もそろそろ後期高齢者の仲間入りを果たすと、否《いや》が応《おう》でも相続が発生します。

彼らが持つ住宅は、多くが敷地面積で60坪程度です。家自体は相当築年が経過しているので、古家では売りづらいです。そこで家を解体撤去して更地で売ろうとしても、彼らの住む都区部、たとえば世田谷区や杉並区、練馬区などは地価が高い。坪あたりで230万円から250万円程度となれば、土地だけで1億5000万円。新築の家を建てれば総額で1億8000万円に達してしまう。これではなかなか買い手がいない、ということで土地を分割するのです。

60坪（200㎡）を3分割して引き込み道路などを設けるので、1区画あたりは17坪（56㎡）程度になります。容積率で150%程度あれば80〜90㎡程度の家が作れるのです。低層住居専用地域だと建物の高さが10m程度に抑えられている地域もありますが、多少天井を低くすれば3階建てにできないわけではありません。これで1棟あたり7000万円から8000万円程度におさまります。

板橋区や江戸川区など下町になれば土地代は下がりますので、総額4000万円台から５０００万円台に抑えることができます。こうした計算で出来上がるのが、業界内などで呼ばれる３階建て狭小戸建て住宅です。

さて、この住宅はどうでしょうか。まずメリットを挙げてみましょう。

これらの住宅は、住宅地の中では比較的地価の高いエリアで供給されているという特徴があります。したがって住環境としては良いエリアでリーズナブルな価格で戸建て住宅に住めるというメリットがあります。駅に近い場所であれば、車はカーシェアなどを利用すれば、狭い敷地をより有効に活用できます。

庭がないと言われるかもしれませんが、20坪程度の敷地に猫の額《ひたい》ほどのお庭が申し訳なさそうにあっても、意外と管理が面倒くさいものです。マンションに住めばもともと庭はないのですから、マンション感覚で戸建てに住んでいると思えば、庭の有《う》無《む》は気にならないはずです。

小さくても戸建て住宅なので、戸建てならではのメリットはたくさんあります、ペットを飼いやすい、子供が飛び跳ねても上下階に騒音を撒《ま》き散らさない。自分たちの予算やタイミングで修繕やリニューアルができる、などなど実はかなりお買い得とも言えるのがこの３階建て狭小戸建て住宅なのです。

いっぽう、デメリットは何か。私たちプロの間では、いくら90㎡の面積を確保したといっても、有効率は悪いよね、と感じてしまいます。有効率とは、この場合、実際の居住可能面積を指します。フロアが3つに分かれていると、フロアをつなぐ階段が必要になります。階段部分は確実に居住スペースを減らしますので、90㎡といってもマンション住戸の90㎡と比較すれば1割程度は狭いという感覚になります。

また敷地が狭いので特に1階部分は陽光が入りにくく、暗いフロアになりがちです。常時暗いということは湿気でカビなどが生えやすく、メンテナンスにも苦労することになります。

3階は若いうちはよいのですが、歳を取ると階段の上り下りが億劫《おっくう》になります。敷地が狭いので、階段は急になりがちです。ケアが必要なお年寄りなどが同居する場合にも、浴室と寝室の行き来が大変になるなどのデメリットがあります。

またフロアが狭いために家族がそれぞれのフロアに分散しがちになるなどの指摘もあります。

それでも3階建て狭小住宅は、こうした点を割り切って買うならば、意外と悪くない買い物だと思います。中途半端な土地があってもつまらないと考えて、家の中での暮らしをエンジョイする。マンションにはない開放感を得るには、メリットは多いような気がします。何といっても、他人といろいろ協議して修繕や建て替えを考えなければならないマンションよりもお気楽です。

一世代だけ住んで、子供が住まなくても、立地が良くて総額が抑えられているならばリセールバリューも確保できそうです。

これからは、大量相続の発生とともにこうした企画の住宅が増えることが予想されます。もう数年もすれば価格はもっとリーズナブルになる可能性があります。良い立地で、身の丈《たけ》に合った戸建て住宅を買う。悪くない選択と言えそうです。

絶対にやめよう、二世帯住宅

盆や正月に実家に行く、日本人にとって普遍的なこの行事は現代になっても変わることのない習慣のひとつです。以前は地方に帰省する人が圧倒的に多かったものです。これは、地方から東京や大阪などの大都市圏に大量の若者が移動したからでした。ですが現代では大都市圏の郊外で育った子供が、親のいる郊外に実家帰りをする姿も目立つようになりました。

団塊ジュニアをはじめ、大都市圏郊外で育った子供たちも結婚をしてそろそろ家を持つ年頃です。都心居住のかけ声に乗って都心部のマンションを探そうにも販売価格は暴騰。いくら金利が史上最低水準で貼りついていても、消費税が10％に上がった中、購入には二の足を踏む世帯が多いのではないでしょうか。

いっぽうでいつも元気でいたはずの親の顔を見ると、えらく老け込み、足腰も弱っています。介護の２文字も現実のものに近づきます。父親が一生懸命働いて住宅ローンを完済した家も築40年。傷みは激しい。そこで多くの人が考え始めるのが、

「そうだ。親と同居しよう。二世帯住宅にすれば、ローンの負担も少ないし、孫の面倒も見てもらえる。将来的には親の介護にもなる。一石二鳥どころか三鳥じゃないか」

となります。ということで親と相談して二世帯住宅に建て替えることにします。または親の家を売却してもう少し都心部に近いところで二世帯住宅を購入しようということになります。

敷地が十分広ければ、親の家とは別棟で子世帯の家を建設すればお互いに気兼ねなく生活ができますし、親が年老いてきても常に目が行き届いて安心です。

しかし、都市部になると敷地に必ずしも余裕がないために、たとえば1階部分を親世帯、2階部分を子世帯などに分けて暮らすスタイルが主となります。

ひとつの建物に親と子の二世帯が暮らす場合、家の構造には「同居型」と「分離型」の2種類があります。「同居型」は、キッチンや浴室などを共用として、階を分かれて暮らすスタイルです。「分離型」は各世帯でキッチンや浴室を持ち、壁を隔《へだ》てて暮らすものです。

このスタイルの住宅は、どちらかと言えば昔ながらの三世代同居を実現した家と言うことができます。昔の家はたいてい三世代が同居し、お互いが助け合いながら生活をするものでした。現代の特に都市部では、こうした広い家を確保することは難しいし、親世帯と子世帯がまったくプライバシーもなく暮らすことには抵抗感を覚える人も多いようです。同じ家の中でも互いの生活スペースは分けて暮らそうということで二世帯住宅ができた、というわけです。

ところがこの二世帯住宅は、不動産マーケットの観点で言えば、やっかいものなのです。

二世帯住宅にとって、はじめの「やっかい」が、親が亡くなった後の親世帯の扱いです。親がいなくなった後の親世帯を子世帯が使えば当分の間、問題はないのですが、最近の親は長生きということもあって、親が亡くなる頃には子世帯でも、すでに子世帯の子、つまり親から見た孫たちは卒業して家を出ているケースが多いのです。

もちろん孫世帯が親世帯の後に入居してくれれば、昔の日本の標準的な三世代同居の状態が継続できるので問題解決なのですが、今の孫世代でそうした選択をする世帯は多くはないです。むしろ、都心部に出てマンション暮らし。親の不便な家には戻ってこないという子供も多いでしょう。

では夫婦だけとなった子世帯が親世帯の床の分まで使おうにも、家は中途半端に広く、「分離型」で水まわりなどがすべて別にあれば、掃除やメンテナンスも「やっかい」ということになります。

また親世帯部分だけを、使わないので人に貸そうと思っても、玄関や水まわりが一緒では貸しようがありません。無駄に広い家を相続した子世帯が「持て余す」ことになるのです。

それでは自分たちは使わないから「売ろう」と思っても、自分たちが住む限り、親世帯の部分だけ切り離して売るためには別棟になってでもいなければ難しい、ということになります。別棟であっても敷地が狭く、道路付けが十分でないと、分離して売ること自体がそもそもできないのです。

また相続時に、親世帯の持ち分がすべて一緒に暮らす子世帯に相続されればよいのですが、親世帯の部分が、兄弟姉妹などの持ち分で相続をされてしまうと、何を行なうにしてもいちいち兄弟姉妹の同意を得ていかなければならないという、ますますの「やっかい」を背負い込むことになります。

一緒に住んでいた子世帯のみが単独で相続できた場合でも、孫の世帯が引き継いでくれないかぎり、後々にまた別の「やっかい」が降りかかってきます。

自分たちが老人保健施設に入居したりして、家が必要ではなくなった時の活用・処分方法が問題となります。

「貸す」場合でも「売る」場合でも、相手がやはり二世帯住宅として使いたい場合は別ですが、そもそも二世帯住宅に絞って中古住宅を探している人はほとんどいません。そうなると、この無駄に広くて、余計な設備（複数のキッチン、浴室、トイレなど）がついた物件は「貸しにくく」て「売りにくい」ということになります。

もしこうした「やっかい」をなるべく少なくしたいのでしたら、完全に別棟にするしかありません。また、家の広さを利用して、若い人たちのシェアハウスなどに活用する方法もあるかもしれませんが、シェアハウスは何も2つ以上のキッチンや浴室を必要としているのではなく、むしろ、個室がたくさん取れるような家がニーズには適合します。

いずれにしても、二世帯住宅は自分たちの家族だけで複数世代にわたって使うには適しているのかもしれませんが、投資案件として、運用する、出口で売却して利益を出すといったメリットはほとんど期待できません。

二世帯住宅の便利さだけに心を奪われて、安易に建てたり買ったりするのではなく、相続やその後の賃貸、売却までの出口を考えるのならば、二世帯住宅という選択肢はほとんどないというのが現実です。二世帯住宅を買ってはいけない、作ってもいけないのです。

狙い目は都心賃貸戸建て

首都圏でこの先確実に勃発する大量相続発生問題は、首都圏の住宅マーケットにもうひとつ大きなインパクトを与えることになります。3階建て狭小戸建て住宅で説明したように、相続が発生した家で物件を売らずに賃貸で運用していこうという動きが活発になると予想されるのです。

これまで都区部などで、戸建ての家を賃貸で住む、ということはあまり思い浮かびませんでした。多くの戸建て住宅にはすでに住人がいました。戦中世代から団塊世代の一部です。また都区部は地価も高いので、賃貸などに割り振られても賃料はべらぼうに高く、とても一般庶民の手が届かないものでした。またその高い賃料を払えるような人は、そもそも賃貸住宅などには住まないと思われてきたからです。

しかし戦前の東京は、働く人のほとんどが借家だったと言います。私の祖父は東京千代田区の一軒屋に住んでいましたが、借家でした。祖母が亡くなり、齢《よわい》70歳を超えた頃にはじめて、私の実家近くにできたマンションで1LDK程度の小さな住戸を買いました。家は最後の最後で買うくらいのイメージが、戦前の人たちにはあったようです。

土地代が高いところでわざわざ家を持つことはない、借家で十分で、少しお金が貯まったら、老後に住む家を買う、こんな考え方はこれからの日本でもあり得るのではないでしょうか。

これからは大量相続が起こることで、中古住宅や土地の供給圧力は強まりこそすれ減じることはありません。全員が投資家というわけでもない世の中で、実需という意味では日本人の年齢構成を見れば、今後は明らかに家余りの状況が現出してくるのは確実です。そうした意味では、相続が発生した戸建て住宅を賃借して住むのは意外とクールでお洒落《しゃれ》な生き方と言えそうです。

私の知人で、文京区の本駒込《ほんこまごめ》の賃貸住宅に住んでいる人がいますが、その家も相続物件だそうです。賃料を聞いたところ、賃貸マンションとほぼ変わらない水準で借りられたとのこと。「子供が4人もいるので戸建ては本当に助かる」と言っていました。

人生の中で忙しい時代、都区部で賃貸の戸建て生活する、悪くない手法だと思います。

第5章

これからの世の中で家は資産となるか

昭和平成脳で超長期の住宅ローンを組んではいけない

住宅を購入する時、当たり前のように利用するのが住宅ローンです。住宅は多くの家庭にとって一世一代の大型の買い物です。したがって買えるようになるまで貯蓄するよりも、ローンを組んで買ってしまおうというのが、これまで家の購入でローンを利用する理由となってきました。

しかし前述のように、戦前の東京では多くの市民の家は借家でした。ローン制度が整っていなかったこともありますが、まだ都市部に過度に人口は集積しておらず、家は「買うもの」という意識は希薄だったようです。当時は銀行の支店長がもらったボーナスで家を1軒買ったなどといった記述が、小説やドラマなどにもたびたび登場していました。

戦後、東京、大阪、名古屋といった大都市に地方から多くの人々が続々流入し始めると、一般庶民が家を持てるように受け皿としてのニュータウンを用意するいっぽうで、金融面で支援をする動きが広まりました。

まず1950年に国の機関として、住宅金融公庫が設立されました。さらに1回目の東京五輪が開催された1964年以降になると、民間銀行も住宅ローンの提供を始めるようになります。

住宅金融公庫は長期にわたり固定金利で貸し出すことで、国民の住宅購入を支援してきましたが、どの程度の条件だったのでしょうか。

公庫が公表している融資基準金利を見ると、１９７０年代半ばから２０００年くらいまで基準金利はおおむね５・５％です。１９８２年以降、金利について当初10年は基準金利、11年目以降の返済については金利が上乗せされ、平成バブル絶頂期には７・40％とされました。今から考えるとずいぶん高い金利水準です。これは、年功序列で会社では給与が年齢とともに上がること、そして世の中はこれからどんどん成長していくことを前提としていました。

「ステップアップ返済」などと呼ばれたこの返済方法は、平成バブル崩壊とその後の景気低迷で、数多くの滞納問題が発生したことで廃止されました。民間ローンで条件の良い商品が出回ったことから、住宅金融公庫はその役割を終え、２００３年に独立行政法人住宅金融支援機構に衣替えされて、現在では証券化によりマーケットから調達した資金を元手に、「フラット35」と呼ばれる長期固定金利での貸し付けを行なっています。

戦後から平成初期にかけて、不動産は大幅に値上がりしました。住宅が圧倒的に不足する中で、他人よりもなるべく早く家を持つことは、価格が年々上昇を続ける時代、最善策だったのです。

金利が高いということは、景気が良く、モノの値段が上がるインフレ状態にあることを意味します。したがって金利が多少高くても、家の価値がそれ以上に上昇していけば、ローンを利用して買ったほうがお得だったのです。

また、日本の多くの会社が終身雇用を約束していました。住宅ローンは借り手が働いて得る給料が唯一の返済原資です。その原資が長期にわたって保証されているようなものですから、貸し手側も安心して長期のローンを組めたのです。

さて、平成バブル崩壊以降の日本は長期にわたって景気低迷が続いています。「失われた20年」と呼ばれたものが、最近では30年になり、国は数々のインフレ政策を導入するも消費者物価は世界でも稀《まれ》に見る水準で低迷し、今や「安い国ニッポン」などと揶揄《やゆ》されるようになりました。

そんな世の中でも家をローンで買ったほうが得なのでしょうか。ローンを組んで買うということの意味を今一度じっくり整理してみましょう。

家族が増えたからそろそろ家を買おう。賃貸では家賃分が出ていくだけで資産にはならない。ローンの返済をするのは大変だけれども、払った分が資産になるのだから、早めに買ってしまったほうが得。だいたい家を買おうとする多くの人は、この理屈でローンを組みます。しかしこれからの時代においても、このステレオタイプな考え方は正しいのでしょうか。

事例で考えます。Aさん40歳会社員、年収800万円。サラリーマンではちょうど会社の中核としてバリバリ働く世代です。専業主婦の妻と小学1年生と幼稚園年少組の子供2人。

子供が大きくなってきたことから4500万円の新築マンションを買うことにして、500万円を自己資金、残りの4000万円を民間住宅ローンで調達することにしました。ごく一般的な事例かと思います。期間を30年、つまり70歳まで返済することを想定。ボーナス返済分を4000万円のうちの2000万円を充当するとして、現状（2021年7月時点）での民間銀行の住宅ローンを検討してみます。

ある銀行では変動金利で利率は0・475%。毎月の返済額は5万9618円。ボーナス返済は35万8042円。30年間の返済総額は4410万5000円となりました。年間返済額１４３万１５００円が年収に占める割合は17・9％。これならばこれから塾やお稽古事で出費が膨らむはずの子供関連費用も含めて、返済は難しくないと考えられます。

さらに住宅ローン減税という特典（ただし時限措置です）があります。これは正式名称を「住宅借入金等特別控除制度」と言い、一定の条件を満たせば、毎年末時点での住宅ローン残高の１％相当額が13年間にわたって所得税から控除される（控除しきれない場合は住民税からも控除）という大変お得な制度です。徐々に元本は減るとはいえ、毎年30万円以上の税額控除を考えれば、さらに返済負担は軽くなります。現在の２ＬＤＫの賃貸マンションは月額15万円、年間１８０万円も支払っているのに自分の資産にはなりません。これはもはや「買いの一手」ということになります。

ここまでは、世の中の多くのフィナンシャルプランナーの先生が指南する部分です。それでも教育費や車のローン、遊興費など出費がかさんでいくので、日々の生活をもう少し節約しましょう、というのがだいたいの結論です。しかしここで冷静になって考えたいのが、30年という途方もなく長い、時間という存在です。見方を変えるならば、この30年という時間の経過をどう予測するかということです。

今から30年前を振り返ってみましょう。1990年は平成バブルの絶頂期でした。不動産価格や株価は天井知らずに上昇。住宅金融公庫の利率は5・5%と、今から考えれば信じられないほど高い水準でしたが、そんなことはおかまいなしに人々は我先にと家を買い求めました。実際にこの頃は家を買って半年後に買った値段の2割、3割増しで売れたなどという話がマーケットでは飛び交っていました。

しかし、その当時家を買い求めた多くの人たちはその後、自身が買った家の価値の暴落に苦しみ続けることになりました。それでもまだ企業の多くが定年まで雇用を続けてくれたおかげで、この年代の人は何とか住宅ローンを払い終えてエグジットできています。

さて日本経済が低迷する中で、この先の30年、あなたはどのような将来を思い浮かべているのでしょうか。70歳まで会社は安泰なのでしょうか。30年間のローンの返済総額は4410万5000円です。金利はこれ以上低くなる可能性はなさそうです。金利が上がったら、だけではなく、自分の収入はずっと確保されていくのか、毎年ちゃんとボーナスは支給されるのか。30年の時間の経過に潜むリスクを考えると、さまざまな不安要素が頭をもたげてくるはずです。

現時点ではバランスする収支でも、「向こう30年間現状が続く」。どんなにお気楽なサラリーマンでもこう考える人は最近では少ないはずです。それが家を買うという一大イベントの中で何となく「問題先送り」、あるいは問題に対して「見えないふり」をしているのではないでしょうか。

昭和平成脳、つまり過去の成功の方程式の延長線上で、未来を考えてはいけないのです。私たちは令和の時代に生きるのですから。ではローンをどのように使って家を買っていけばよいのかを考えていきましょう。

やってはいけない、夫婦ダブルローンと親子ローン

先ほどの事例では、たしかに住宅ローン減税が受けられる期間中は年間の総返済額は大したことはないように見えます。ただ減税期間は13年です。13年後を考えてみましょう。新築マンションならそろそろ1回目の大規模修繕が行なわれる頃です。事例で言えば子供は大学生と高校生。最もお金のかかる頃に差しかかります。

多くのマンションでは、1回目の大規模修繕は修繕積立金の範囲内で賄えます。ところが2回目以降になると、これまでの積立金では不足することが判明。積立額の値

上げが、管理組合総会の議題になる頃です。また管理費も分譲当時は低めに抑えて販売の支障にならないようにしていたのが、限界を迎えて値上げする頃です。

金利も上がることがあっても下がる可能性は、スタートが０・４７５％というだけあって、ほとんど見込めません。むしろ上昇していると目も当てられなくなります。

マンション価格は上がっているでしょうか。これはばかりはわかりません。ただ、日本の人口は全体としてはすでに減少に転じていますし、東京都ですらこの頃には確実に減少に向かっています。頼るのは、マンションがある立地のポテンシャルがどれだけ上がっているかになります。

ここまでが、マンション固有の抱えるリスクと金融のリスクです。ただいつまでも自分の境遇が守られていると誰しもが考えがちですが、30年という長いタイムスパンでは、健康だけでなく自身の経済的境遇が今までどおりである保証はどこにもないことにもっと気づくべきです。

健康については、ローン設定時に団体信用生命保険（団信）に加入しますので、万が一の時には安心です。しかし経済的境遇に関してはどうでしょうか。自分の会社は大丈夫。そこそこの企業で安定しているし、定年はどんどん延長される方向にある。

だから70歳までの借入期間で困ることはないだろう、などと思い込んではいないでしょうか。

たしかに日本企業の多くは、国の方針もあって今後定年を延長せざるをえなくなると思われます。そのいっぽうで、会社は今まで以上にグローバルな競争にさらされ、大企業といえども未来永劫安泰などという会社はありません。

定年が延びていくほど、人材はだぶつき、そんな状況下でもマーケットで勝ち抜いていかなければなりません。役所ならばともかく、いつまでも社員を厚遇できる会社はありません。人件費は会社にとってオフィス賃料とともに重たい固定費だからです。

多くの企業は早晩、45歳くらいを最初の定年、いわゆる役職定年と定め、その後も雇用されることを希望する人には、待遇を大幅に下げて(たとえば半分にして)70歳まで雇用するようになります。人件費総額を抑制しながら優秀な若手人材も確保していかないと、日本企業は海外企業に勝てなくなるからです。

IT系や金融系などの企業ではすでに、能力に秀《ひい》でた新入社員や若年層に多額の給与を与える制度が出始めています。終身雇用や年功序列といったクラシカルな人事制度はすでに機能しなくなっていることは、自明の理です。それをわかっていて定年だけ延長してくれるような、生半可《なまはんか》な企業は、あなたの定年を待つことなく淘汰されていくことでしょう。いざとなれば、会社はあなたの人生の都合なんて真剣に考えてはくれないものです。人事などで、あなたがいつも不満に思うのと同様に、会社は自ら生き残ることに必死なのです。

こうした観点からさあ、もう一度、新築マンションを買いたい会社員Ａさんの資金計画を振り返ってみましょう。【１４３ページ・図表⑯】現在40歳のＡさん、定年延長はあまり期待せずに、住宅ローン減税を享受できる13年間（53歳）でローンを完済してしまうプランを考えてみましょう。

無理です。毎月の返済額は13万８２２円、ボーナス返済79万４１３７円を含めて年間返済額は３１５万８１３８円。年収が変わらなければ年収の約40％の支払い負担となってしまいます。年収が上がっているかも、と安易に考えるのが昭和平成脳です。年収が下がっている可能性すら、これからの世の中では想定しておきたいものです。

では現行年収の２割程度の支払いで、13年間で完済できるローン金額はいくらでしょうか。おおむね２０００万円程度となります。このプランなら毎月の返済額は６万

6114円、ボーナス返済39万7068円。年間返済額156万7504円。年収比率でちょうど20％程度です。

したがって身の丈《たけ》にあったリスクにも強い家選びをするのならば、2500万円程度の家を住宅ローンの助けを借りて買えばよいという結論になります。13年後と言えばAさんも53歳。勤めている会社の人事制度が変わり、50歳以上で役職定年になっているかもしれません。70歳までの雇用を保証する見返りにどれだけの報酬減に見舞われるかを、リスクとして考えておく必要があるのです。

もちろん年収は多少上がっているケースも想定できますが、日本の所得税率を考えると、上昇した分手取りが増えるわけではありません。そんなことでは家は買えないじゃないか、という声が聞こえてきそうですが、期間中のリスクを考えればこの程度のリスクテイクにしないと安心安全な資金調達にはならないのです。多くのフィナンシャルプランナーは、そこまで酷《ひど》いことは商売上も言いにくいでしょうが、リアルはもっと厳しくなる可能性が高いのです。

ところが最近は、家を買いたいあまりに、もっともっと背伸びをする夫婦が激増していると言います。共働き世帯による夫婦ダブルローンです。

図表⑯　住宅ローン返済額シミュレーション

借入金総額（万円）	4000		2000
金利（変動）	0.475％		
期間	30年	13年	13年
月額返済（円）	59,618	130,822	66,114
ボーナス返済（円）	358,042	794,137	397,068
年間返済額（円）	1,431,500	3,158,138	1,567,504
年収比率	17.9％	39.7％	19.8％
総返済額（万円）	4,411	4,244	2,128

住宅業界では、夫婦の収入を合わせて年収７００万円以上となる世帯を「パワーカップル」などと呼んで持て囃《はや》しています。夫婦で稼いでいれば夫１人や妻１人で借りるよりも多額のローンを組むことができるからです。

ただし、さきほどの年収８００万円の会社員の例にもあったとおり、借入期間中のリスクを考えれば、調達できる金額はそれほど多くはなりません。よく夫婦ダブルローンで憧れのタワマンライフなどと言われますが、パワーカップルでタワマンに住めるのは、夫婦ともに大企業勤務で合計年収が１５００万円以上くらいです。

ところがデベロッパーが繰り出すマンシ

ョンポエムに惑わされて、夫婦でぎりぎりいっぱいのローンを30年や35年といった超長期で組んでしまう事例が相次いでいます。これはタイムスパンでのリスクを考えると大変危険です。どちらかの会社の業績が悪化したら……。どんな大企業であっても栄枯盛衰があります。ボーナスを給与の一部と勘違いしている人も多いですが、ボーナスは基本的に業績に応じて支払われるものです。

夫婦のどちらかにアクシデントやイベントが発生してしまった場合に、いっぽうで補うことができないような資金計画は、あまりにリスクに疎《うと》い杜撰《ずさん》な計画と言えます。

パワーカップルで理想的なのは、夫婦いずれかが住宅ローンを組んで、もう一方の収入は丸ごと確保して生活資金やいざという時の保険としておくことです。これならば、タイムスパンで生じるリスクをかなり軽減できるはずですし、お金を家以外のもっと有効な対象に振り向けることもできるはずです。

親子ローンを組むに至っては、開いた口が塞《ふさ》がりません。子供の代にまで借財を押し付ける親はいったいどんな親でしょうか。昭和平成脳でこれからも不動産価格は年々上昇を続けると考えない限りは、ありえない選択です。これまで警鐘を鳴らしてきたタイムスパンのリスクをさらに長期にわたって被り続けるのが親子ローンです。今後インフレを見越して設定する考えもないわけではありませんが、子供の生活スタイルや価値観は時代とともに変わるのは必然です。

この30年に生じた社会でのさまざまな事象、生活スタイルの変化、価値観の変遷、これらを無視して、ただただ家にのみ稼いだお金を注《つ》ぎ込み続けることはそろそろ終わりにしてみてはいかがでしょうか。

マンションと車の価値は同列

家は資産になると信じられ始めたのは、戦後の高度経済成長期から平成初期までと思われます。その理由については本書でも繰り返し述べてきました。需給バランスからいって、都市部では圧倒的に住宅不足の状態が続いたからです。

アメリカの住宅価格が伸びています。これはアメリカの人口が相変わらず増加基調にあるからです。１９９０年から２０２０年までの30年間でアメリカの人口は２億５０００万人から３億３１４４万人に33％も増加しました。いっぽう日本は、１億２３５０万人から１億２６３０万人とわずか２・２％しか増えていません。むしろ２０１

0年以降は日本の人口は減少に転じています。家は基本的には人が住むために使われます。需要が伸びないのに価格が上昇するには、よほど供給を絞らないとならないわけです。

ところが日本の住宅着工戸数は2020年度で81万2164戸にも達し、そのいっぽうで空き家戸数は848万戸にもおよんでいます。需要が伸びない構造の中で供給を大きく減らさないことには、経済学的にも価格は高くなるわけがありません。

マンションは、土地の持ち分が少なく、価値を構成しているほとんどが建物になっていることについては、すでに説明したとおりです。建物は有形資産ですから価値が劣化していきます。投資の分野では、それゆえに建物については毎年一定限度の償却が認められているのです。

ということは、これからのマンションに求められるのは、資産としての価値よりも、「快適に住む」という無形価値を楽しむ時代になるのではないでしょうか。

車は所有すること自体を楽しむ人もいますが、ほとんどの人はお気に入りの車に乗って移動する楽しさや便利さを評価しています。そのいっぽうで所有すれば税金や保険、修繕費、駐車場代など経費が多くかかります。最近では都市部では、車の良い点だけを享受しようと、カーシェアのようにみんなでシェアして使う、あるいは必要な時だけレンタカーを借りてすませるようになっています。

生活の足として車を所有せざるをえない人は別として、鉄道が発達した日本社会では、車は必要に応じて使いこなす時代になったと言えましょう。

マンションについても同じことが言えそうです。車にフェラーリやランボルギーニなどのように中古車の一部に、ものすごい価値があると考えられている車を除いては、移動手段である車が、買った時よりも価格が上昇することは稀《まれ》です。マンションでも、ブランド立地のものは価格を維持・向上させるでしょうが、一般のものは車と同じように価値は経年とともに下がっていくでしょう。何度も言いますが、タワマンを買って儲かった最近の事例は、金融緩和策によるカネ余り現象にたまたま乗っかっただけの話です。

マンションも必要に応じて住みこなす時代がやってくるでしょう。比較的短期間で、子供の成長や自分の仕事の状況などに応じて、気軽に住み替えていく時代の到来です。マンションストック自体も660万戸になり、今後は徐々にマンション所有者の間でも相続が発生してきます。中古マンションの選択肢は、購入、賃貸ともに大いに広がるはずです。中古の成約数が新築を上回り供給が増えてくれば、価格はおのずと下がっていくでしょう。このようになってくるとマンション＝資産という、多くの日本人のＤＮＡに刷り込まれていた思い込みはなくなっていくものと考えられます。

マンションは一部の物件を除いて資産ではない、と考えれば気楽です。資産性という思い込みで無理な買い方をしなくなります。自分のお財布に合ったマンションを買っても、借りてもよくなります。そしていらなくなったら乗り換えればよい。車とまったく同じ感覚です。

それならば賃貸のまま、という選択肢も当然出てくるでしょう。賃貸のほうが身軽に移動できます。レンタカーに近い考え方です。レンタカー代と車の購入費や維持費を比較してどちらが得かを考えれば明らかなように、資産性を度外視してしまえば、都市部ではレンタカーのほうが経済的には得であることは火を見るよりも明らかです。あとは、車を持っていることのステイタスをどこまで考えるかに収斂《しゅうれん》されます。

こう考えてくるとマンションもその多くが車と同じ特性を持っているのではないでしょうか。戸建て住宅は、土地という再活用が可能な、まさに「資産」がついていますので、車とはだいぶ概念が異なります。したがって戸建て住宅を選ぶ際には十分に資産性を熟慮すべきです。いっぽうでマンションについては資産性を離れてもう少し柔軟に考える、令和の時代はそんな価値観が広がっていくものと思われます。

なぜブランド立地は値下がりしないのか

戦後から平成初期までは、家はとにかく所有さえしてしまえば、資産となり家族が潤《うるお》うはずのものでした。ところがニュータウンのように、家の代替わりができずに、その価値を著《いちじる》しく減少させてしまう、それどころか流動性すら危うくなって「負動産」化した資産の維持管理や処分に困り果てている相続人が出始めています。

そのいっぽうで、いつの時代でも人々が憧れ、いつかはここに住みたいと思い焦《こ》がれる街があります。東京都区部でいえば、港区の赤坂や青山、麻布、六本木《ろっぽんぎ》、白金、渋谷区の松濤《しょうとう》、広尾、目黒区の青葉台《あおばだい》、品川区の御殿山《ごてんやま》、池田山《いけだやま》、大田区の山王《さんのう》、田園調布《でんえんちょうふ》などです。

これらの街には共通する特色があります。いずれも高台に立地していることです。東京は西に武蔵野《むさしの》台地が広がり、高台を形成しています。古来、人々は地震や台風、洪水などさまざまな自然災害に悩まされてきました。こうした災害を防ぐためには高台に住むことが必須でした。これは現代にも通じることです。

川崎市の武蔵小杉では2019年10月に来襲した台風19号による豪雨のため、タワマンの一部で浸水があり、停電。エレベーターの使用が不可能になり、トイレも使えないという事態に陥りました。これは当該タワマンの所在地が低地になっていて、これまでも洪水の危険性が指摘されていたにもかかわらず、十分な対策が取られていなかったことが原因とされました。

武蔵小杉と言えば、タワマンが林立する街として全国的にも脚光を浴び、中古マンション価格も急上昇した代表的な街です。都心への交通利便性が評価され、武蔵小杉で暮らす主婦たちは「ムサコマダム」と称されました。

しかし、建築技術がいくら進歩しようが、自然災害の前では無力です。何十年に一度しか起こらない災害でも、一瞬にして価値を失う可能性があるものに資産性があるとは言わないのです。

もちろん武蔵小杉の持つ、都心への交通の利便性には文句のつけようがありません。住民が増えるにしたがって駅周辺にはお洒落な店舗も集まり始めています。賃貸で暮らすのならば悪くない街かもしれません。ただタワマンという建物の優位性だけでは、長いタイムスパンでの資産性の維持はやはり難しい立地であると言わざるをえません。

一時の人気や超金融緩和策などを背景として投資対象として短期に売り抜ける（エグジットする）には武蔵小杉は良い立地だと思いますが、資産性という意味ではやはり過去から営々と続くブランド立地の家には敵《かな》わないところがあります。

長いタイムスパンの中で私たちが最も重視するべきなのは、その間に起こる大きなリスクに対する洞察です。そこでクローズアップされるのは、やはりいつかは起こるであろう自然災害です。

真のお金持ちは、このあたりのことをよく知っています。彼らは流行《はや》りものにはけっして手を出しません。地味であっても確かな評価を持つ不動産を吟味して購入しています。そうした意味ではブランドというものは、長い歴史の中で醸成されてきた価値を持っていると言えるのです。

家に人生を売り渡す時代は過ぎている

一部のブランド立地に建つ家は戸建て住宅はもちろん、マンションでも一定の価値を持ち続けます。しかし私たちが普段暮らすために求める家に大きな資産性を求めるのは、現在の日本が置かれている状況を含めて考えてみても無理があります。

これまで家が足りない状況が続いてきたので、何となく今になっても、とにかく家は買わなければいけないと思っている人がいまだに多いです。しかし、資産性を考えずとも買ってよい家はあります。また買わずに時と場合に応じて借りていくというスタイルも、スマートな生き方でよいと思います。

私からすれば、よく議論されがちな賃貸と購入どっちがよいか、得か、といった二者択一を追求する考え方は令和の時代には似合わないと思っています。自分の気に入った戸建て住宅やマンションならば、資産性など考えずに買えばよいのです。十分にリスクを考慮した上での資金計画が前提ですが。マンションをどんどん住み替えていくのならば、流動性の高い物件を選ぶべきですし、永住したいのならば戸建て住宅をじっくり選ぶ。中古住宅を買って自分の趣味趣向に合わせてリニューアルして暮らす、素敵な考え方だと思います。

家がないない、早く買わなくちゃ買えなくなる。こうした強迫観念で皆が買った時代はとうの昔に過ぎ去っていきます。新築でなければだめだとか中古住宅では恥ずかしいなどと考える人も、令和の時代にはほとんどいなくなると思います。

所有するための無駄なコストやローン返済を気にせずに、好きな時に好きな場所に移り住むためには、賃貸でいくのも悪くないと思います。資産性を考えないのであれば、賃料は単なる住むためのコストだからです。誰しも日々使う水道光熱費を支払う時に、水道管や電気を所有できればよいのに、とは思わないはずです。同様に自分が住んでいる家を、暮らすための空間と割り切って、自分たち家族が住む間に、安全で清潔で豊かな空間を過ごすための費用なのだと考えた瞬間、家そのものを所有するこだわりはなくなるでしょう。

そろそろ、人生の多くを家の所有のために売り渡すことはやめにしませんか。特に東京や大阪といった大都市の中で無理な資金調達計画で購入する行為は、これからの時代であなたの人生にあまり幸せをもたらさないように思います。

昭和平成時代の日本人の多くは、自らが住む家を確保するのに汲々《きゅうきゅう》となった時代でした。そのために人生の多くを住宅ローンの返済のために捧げたと言ってもよいでしょう。人生の多くの時間を都心のオフィスまで片道1時間あるいは1時間半もかけて通勤し、会社のために一生懸命に働き、せっかく買った自分の家には平日は夜から翌朝までしか滞在せず、定年退職後は築年数が経過して古びて魅力のなくなってしまったマンションにひっそりと住む。何かむなしいですよね。

これからの家選びは、楽しくなりそうです。無理をして買わなくてもよいからです。賃貸でもかまいませんし、都心のオフィスに通勤するためだけの目的で家を探す必要も次第に薄れていきます。

大量相続時代を見据えて、賃貸戸建てに住みながら、退職後に自分の好きな家を買ってもよいでしょう。人生の中で家は何度も住み替えるもの。大枚をはたいて一世一代の買い物をするのではなく、人生のステージに応じて利用していくものと考えれば、一生ものの住宅ローンを抱え込むなどという愚かな行為を選択する人は少なくなるでしょう。

人生は他にお金を使うところはいっぱいあるはずです。日本のビジネスパーソンの多くがいまだに生活を楽しむことが少ない境遇にあることは、悲しいことです。文化や芸術、歴史などに造詣が深い人がまだまだ少ないような気がします。通勤電車でひたすらスマホを見ながら会社と往復するだけでは、人生の楽しみの大半を無駄にしています。家に使うつもりだったお金の一部を自分の興味のある分野に投資することで、これからの時代はもっと自由で豊かなものになります。

家に人生を売り渡さなくても、住むことを楽しめる時代がもうそこまで来ています。すでに世の中ではさまざまな住まい方をテーマにしたサービスも展開されてきました。本章の最後に、それらのサービスの内容の一部をご紹介しましょう。

やってみよう、２拠点居住

令和の時代の住まい方はもっと柔軟になる。この可能性を示唆したのが、今回のコロナ禍でした。この間、ワーカーの多くが通勤できずに、自宅やその周辺でのテレワークを余儀なくされました。そしてその結果として、一部のワーカーにとっては、必ずしも毎朝毎夕会社に通勤するという儀式を行なわずとも、仕事ができる、むしろ生産性が上がったというエビデンス（証拠）ができました。

このテレワークは、もしも２０２０年の4月から6月にかけて実施された1回目の緊急事態宣言だけでコロナ禍が終息していたとしたなら、おそらくほとんどすべてのワーカーが、やれやれと今までどおりの通勤というスタイルに戻っていたと思われます。しかし1年以上もこの実験を繰り返したことが、ワーカーの多くに気づきを与えることになったようです。

そして、さまざまな生活スタイルが実行可能になったことは、コロナ禍がもたらした変化だったと言えます。

都心で働く時には都心に住む、家は都心とは別に自分の趣味趣向に応じて自由に選択する。そして、2つの生活拠点で自在に暮らす。これが2拠点居住です。これまでも別荘を所有して行き来する人はいました。しかしここで言う2拠点居住とは、どちらの家でも自分の生活スタイルを基本的に変えないという意味での居住方法です。

別荘は、オンとオフが明確に分かれていました。平日は都心で働くために会社近くに家を構え、通勤する。そしてつかの間の休み＝オフは、仕事を離れて別荘で過ごす。でも働きバチが多い日本のワーカーは、別荘には夏の間など、ほんの短期間滞在するだけで、すぐに慌《あわ》ただしく都会に戻っていく。こうした生活スタイルでした。

これからの2拠点居住は、やや趣《おもむき》が異なります。オンとかオフという概念を離れ、仕事の内容や働き方に応じて、今日は都会で働く、明日は郊外や地方の自分の拠点で働く、ついでに地元でまったく別の仕事をする、勉強をするといった生活です。

普段は海に近い房総《ぼうそう》や三浦《みうら》、湘南、伊豆《いず》に住み、仕事の都合によって都心にもマンションを借りる、そんなイメージです。郊外や地方で自分の好みに応じた家を安く買い、都心では会社に近いコンパクトなマンションを借りる、そんな生活がこれからの時代には可能になるのです。

2拠点生活の考え方をさらに広げた究極のスタイルが多拠点生活です。自らの生活の本拠地は確保しつつ、仕事や状況に応じて生活する拠点を使い分けていくスタイルです。最近ではこうした考え方を応援するサービスが続々と立ち上がっています。

代表的なものを3つご紹介しましょう。HafH（ハフ）、Address（アドレス）、全国渡り鳥生活倶楽部です。いずれも会員制の組織で、月額定額制の料金、いわゆるサブスクリプションを使って、好きな時に好きな場所で好きなこと（仕事、遊び、交流など）をして暮らせる、を謳《うた》っています。

こうした動きは、実は家の世界にも「DX（デジタルトランスフォーメーション）」の動きが出てきていることを意味しています。これまで単体で存在していた家を、DX化することで多くの人々とつなぎ合わせる（シェアする）ネットワークを構築しています。従来の観光や旅行といった概念ではなく、生活の拠点、幅を広げるために既存の家やホテルを活用していこうという動きです。

HafHは、家ではなく、既存のホテルや旅館の空き部屋を中長期に使いたい人向けに提供するサービスです。1カ月のうち最大で5泊利用できるものが月額1万6000円から、1カ月間利用したい放題で8万2000円という料金体系です。利用は原則1名のみ。どちらかというと、ホテルや旅館の空き部屋対策的なサービスですが、自宅を離れて、少しの期間リモートワークしたいワーカーなどに人気です。

Addressは、地方などで使われなくなった家を借り上げ、会員に対して貸し出すサービスで、月額4万4000円からの定額制を採用しています。利用は最長14日間です。それぞれの家には家守《やもり》と呼ばれる管理人兼コミュニケーション係のような人が滞在しているのが特徴です。ただし、会員が占有できるのはそれぞれの家の個室部分だけですので、家の中には他の会員が滞在していることになります。シェアハウスのような状態で生活するというスタイルです。同伴は家族や固定パートナーなど1名まで可能です。

全国渡り鳥生活倶楽部は、オラガ総研がプロデュースし、私自身が代表を務める会社です。会費は月額5万円（水道光熱費込み）で、日本全国にある渡り鳥ハウスを年間で12週を限度に利用できるシステムです。

写真②　全国渡り鳥生活倶楽部「阿蘇ハウス」(熊本県阿蘇郡南阿蘇村)

利用単位は1週間で、最大で数カ月の利用が可能です。このシステムの特徴は会員が1軒のハウスを占有でき、家族や友人と自由に使えることです。また地域ごとに渡り鳥プラットフォームを構築し、地元の人たちと「共に働く」「共に学ぶ」「共に遊ぶ」メニューを開発中で、地域社会に溶け込んだ生活ができることを標榜《ひょうぼう》しています。月額15万円で年間52週利用できる会員や、法人でのリモートワーク支援やワーケーションの実施にも活用されています。

【写真②】

こうした多拠点居住サービスは、従来の観光や旅行とは異なり、人々の自主的な生活のしかたを支援するものとして、定着してくるものと思われます。

単なるアドレスホッパーではなく、本拠地を持ちつつ、その時々の都合に合わせて住む場所を変える。「夏は北海道、冬は沖縄」で生活する、以前は単なる憧れにすぎなかった生活が、令和の時代には実現可能性が大いに広がっているのです。

第6章

住む場所にこだわる〜おすすめの街選び

家を選ぶ前に街を選ぼう

これまでの家選びは、どちらかと言えば「会社ファースト」の家選びでした。自分や配偶者の勤め先にどのくらいでアクセスできるかが第一だったからです。しかし、これからの時代は通勤のウェイトが減り、在宅しながら働く、あるいは近隣のコワーキング施設で終日過ごすような生活スタイルが中心となります。

1日の大半を自宅および自宅近辺で過ごすことになると、当然家選びの基準も変わってきます。通勤が週1、2回、または月数回になれば、都心にあるオフィスに近いところに住む必要性は必ずしもなくなります。

またこれまでは、平日のほとんどの時間を自宅のある街で過ごすことはありませんでした。ところがこれからは平日でも、自宅近くでランチを楽しむ、休憩時間中に庭の手入れをする、夕方から夫婦で、家族で、あるいは近所の友達とレストランに行く、映画を観に行くなど、これまでの行動パターンとは異なる生活ができるようになります。

家選びは「生活ファースト」の時代になっていくのです。そこで重要になるのが「どこに住むか」になります。これまでも「どこに住むか」は家選びの大事なポイントでしたが、生活ファーストで考える「どこに住むか」は、その基準がだいぶ変わってくることを示唆しています。

１日を過ごすのは、あなたが住む街が中心となります。あなたが選ぶ街にはどのような機能が備わっているのか、毎日の生活が快適か、街の人たちはどんな人たちなのか、人口が多くにぎわう街が良いのか、自然環境が優れた街が良いのか、選択肢は大いに広がるはずです。

歴史や文化に興味のある人、家庭菜園を持ちたい人、スポーツが大好きな人、山が好き、海が好き、友達とバンド活動をやりたい人などなど、自分たちの趣味や趣向に応じて住む街を選択することが家選びになってきます。

そうなると家選びというのがとても楽しくなるのではないでしょうか。会社に近いというだけの理由で、都心部のお値段がめちゃくちゃ高いマンションを、夫婦ダブルローンを組んで買い、毎月の返済で汲々とする。会社内中心の人間関係、上司や同僚との飲み会、接待で疲れ果てる、そんな生活にはおさらばして、自分の住む街を楽しむことに主眼を置く、これまでの私たちには考えられなかった家選びの時代が始まります。

家に費やすお金も少なくなります。東京の会社に勤めるワーカーにとって、通勤を第一に考えないのなら、東京周辺の3県（神奈川、千葉、埼玉）だけでなく、茨城や長野、山梨、静岡まで範囲を広げられます。こうしたエリアなら、戸建て住宅でも驚くほど安い値段で手に入ります。安く手に入れた家を自分好みにリニューアルするのも楽しめるでしょう。

自分にあった街は人それぞれです。家選びはそれでよいのだと思います。みんなが同じ趣向、方向性を持つ時代ではありません。赤が好きな人もいれば白が好きな人がいるように、自分がいいなと思う街を見つけていくのも家選びの前提となっていくのではないでしょうか。

そうした意味では、今後の家選びではまず「街選び」を行なった上で、「家選び」に入ることになります。そして街選びは単に都心部にアクセスが良いだけではなく、1日を過ごすのにふさわしいさまざまな特徴を持った街が支持されるようになるでしょう。

毎年SUUMO《スーモ》が発表する「住みたい街ランキング」にも、これからは大幅な入れ替えが起こるかもしれません。こうした傾向について、私は実に良い流れだと思っています。なぜならこれからのランキングこそが、長い時間過ごして「住みたい」と感じられる街の評価につながるからです。これからのランキングの変動が楽しみです。

自分の生活に優先順位をつける

では、どのようにして自分にあった街を選べばよいのでしょうか。そのためにはまず自身の生活において、何を優先したいかを整理することから始めましょう。

これまでは簡単でした。まずは仕事だったからです。仕事をするのに便利であるとはほぼイコール通勤利便性だったはずです。これからの選択はどうでしょうか。

もちろんこれまでどおり「仕事ファースト」は譲《ゆず》れない、という人も多いでしょう。こうした人たちは、やはり都心へのアクセスのよい鉄道ターミナル駅周辺を選ぶのがベストです。ただし、交通利便性だけではなく、これからは、時には自宅でテレワークをしたり、コワーキング施設で働くケースも想定されますので、ある程度の社会インフラが整っている街を選ぶことをおすすめします。タワマンであってもタワマンのある街に、平日でも楽しめるような飲食店や物販店、コワーキング施設、豊富なデリバリーサービスなどがあることが求められます。

通勤は週1、2回程度、あるいは月数回程度の人ならば、街の選択肢は大いに広がります。ただし家族の置かれている事情もありますので、それらを勘案した上での選択になります。自分自身や家族も含めて、海の近くで暮らしたい人なら、最寄り駅までのアクセスよりも海へのアクセスを優先してもよいでしょう。サーフィン好きなら仕事の合間にちょいと波乗りをしてくる。早朝に海岸をランニングやウォーキングするのも、実に気持ちの良いものです。

地域でボランティア活動に参加したいと考える人もいるでしょう。ターゲットにした街でどんなボランティア活動があるかを調べる。そして自分が街でどのような活動をしたいかに思いを巡らす。できることならはじめに何度かその活動に体験で参加してみる、などさまざまなアプローチができるはずです。

歴史や文化、芸術に興味がある人ならば、街にある博物館や図書館、美術館の存在を調べ上げるだけでなく、街にそれらに関するどんなサークルがあってどんな活動を行なっているかを調べるのもよいでしょう。街や地域に溶け込んでいくことは、街での生活をより豊かなものにしてくれます。

テレワークが中心で通勤はほとんどしないでよいような職種、たとえば弁護士や会計士、コンサルタントなどプロフェッショナル系の仕事を持つ人たちなどには、コロナ禍以降は、ほとんど都心のオフィスには通勤しないで働いている人たちが多くいます。こうした人たちの街選びの範囲はさらに広がり、地方に暮らしながら東京での仕事をするなどという芸当ができるようになります。

これまでは地方で生活するためには、地元で何らかの仕事を見つける必要がありました。しかし、テレワークがこれだけ普及すると、情報通信端末を片手に、自分の好きな地方に住むことができるようになります。

またAddressや全国渡り鳥生活倶楽部などのサービスを利用して、全国各地に拠点を設けながら仕事をして、同時に地元の方々との関係や交流を持つことが可能になります。そして何度もその地を訪れたのちに、満《まん》を持《じ》して移住すれば、成功の確率も高まります。

このように考えてくると、自身の生活の拠点を持つことが限りなくフリーになり、それに伴う家選びも自由度が広がってくることがわかると思います。

人生のステージに応じて住む家を変える

思い切り背伸びした住宅ローンを組んで、その返済を営々と行ないながら、永住するのは得策ではないと言いました。人生にはさまざまなステージがあり、そのステージに応じて本来は自分の住処は変わっていくものであるからです。

それなのに、30代あるいは40代のある一時点での自身や家族の置かれている状況のみで家を選んでしまい、その後その家に一生縛られて生きるのが、多くの日本人がこれまで当たり前のように甘んじてきた人生です。

これからは幸いなことに、東京都心部でさえ、世田谷区、杉並区、練馬区、大田区などで大量の相続発生と生産緑地制度の期限終了により、家はどんどん余ってきます。働き方の変革によって、人々の生活範囲は広がり、家は今よりもかなり廉価で買えるようになります。

今現在では、このように言っても、実際に価格は下がっていないし、売り物件もそんなに多く出回ってはいないという反論があります。しかし、人口構成における高齢者の比率を見ると、この現象は早晩現実となりますし、それは確実にやってきます。

理由は簡単です。人は生き物であるかぎり死ぬものだからです。死からは逃れようがないのです。したがって家選びを行なう際に間違えがちなのは、今現在の時点での「部分最適」にこだわり、これから5年後10年後に起こることに考えがおよばないことです。今がそういう事態ではないから、現時点での価値観のみで行動してしまう。短期的な仕事や行動ならばそうした対応は悪くはないのですが、家はもう少し長いスパンで考えてみてはどうでしょうか。

米国などでは5年程度のスパンで、人生のステージが変わるたびに家を売って移り住んでいくのが当たり前ですが、日本でもそうした時代がやってきます。幸いにも人口は増えず、家の供給量だけが増えるからです。需要が少なく、供給が多ければ価格は下がります。家が安ければ、家の売買も気楽にできます。住宅の流通市場は今まで以上に活発化してくるでしょう。

家族が変わる、仕事が変わる、子供が卒業する、だけでなく、自分の興味や生活に求めるものの変化によって生活拠点を変えていくのは、人が生きていく上での当然の欲求です。これまでの日本の家はそうした人生のステージに合わせた家を提供してきませんでした。

ニュータウン開発は家を持つという、多くの人が熱望した欲求を満たすことには成功しましたが、その街での暮らしはどうだったでしょうか。毎朝毎夕通勤に多くの時間を費やしてきたお父さんは定年退職後、この街にまったく自分の居場所がないことに愕然《がくぜん》としたのではないでしょうか。

会社の先輩や同僚といったつながりしかない人生は、会社という数珠《じゅず》が切れた瞬間、さびしいものとなります。そして、一生懸命ローン返済して手に入れた家は老朽化して、子供や孫が住む予定はなく、代替わりもままならない。家、街での人生のストーリーを描けない生活は、結局引き継がれていかないのです。

湾岸部のタワマンなら値上がりする（かもしれない）、節税対策になる（はず）、家の管理が楽だ、などといった文言は、生活を豊かにするためのものでしょうか。あるいは人生のそれぞれのステージに彩《いろど》りを与えるものでしょうか。残念なことにすべてが打算的な文言です。

これからは、この家があるこの街はあなたの人生を豊かにする、この街に住み続けた結果、こんな楽しみを見つけた、こんな友達や仲間ができた、といった、それぞれの人生に寄り添った街での物語が語られるようになります。

そしてどんなに楽しんだ街でも、人生のステージは変わっていきます。小さな子供がいた時には楽しかった街も、老夫婦だけになると住みづらい。新しい趣味を見つけたので、その趣味ができる施設や仲間のいるところに移り住む。年老いてからはもっと暖かな環境のところに住みたい、毎日海を眺めて暮らしたい。畑仕事をしながら食生活を豊かにしたい。人々は人生のステージのそれぞれで好きなものや嫌いなものも変わります。そして気軽に住み替えることによって、人生に新しい発見や驚きを足し算していく。素敵な人生ではないでしょうか。

そうした意味では令和時代の家選び、街選びは、昭和平成のそれとはかなり異なるものとなりそうです。では、具体的にどんな街がおすすめなのか、いくつかの街やエリアを、私の独断でピックアップしてみましょう。

ただし、ここで私が挙げる街はあくまでも私が好きな街であって、読者のみなさんにとってぴったりの街ではないかもしれません。「蓼《たで》食う虫も好き好き」などという言葉もあります。「住めば都」とも言います。あくまでもご参考程度にお読みください。

首都圏郊外に住むならここ

①神奈川県

首都圏郊外でコロナ禍の中、人気を博しているのは何といっても湘南エリアです。湘南の定義は難しいのですが、ここでは葉山《はやま》から大磯《おおいそ》あたりまでを考えます。湘南は、鎌倉《かまくら》、逗子《ずし》というJR横須賀線沿線に葉山を加えたエリアとJR東海道線の沿線に位置する藤沢《ふじさわ》、辻堂《つじどう》、茅ヶ崎《ちがさき》までのエリア、そして相模川《さがみがわ》を越えた平塚《ひらつか》、大磯エリアでは、かなり趣《おもむき》が異なります。

このうち鎌倉は京都と同様に寺社仏閣が多く、人気の観光地である反面、地価が高く、また丘陵地帯があって坂が多く、住みづらいところも多くあります。逗子は東京まではやや遠いのですが、山林があるいっぽうで海に向かって開け、住環境も良好です。都心に向かうにはJRと京浜急行の駅が離れていてやや使いづらいですが、駅周辺には商業施設もコンパクトではありますが揃っており、暮らしやすい街です。

藤沢、辻堂、茅ヶ崎は、まさに湘南エリアの中核です。【写真③】これらの街が住みよいのは、東京まで東海道線1本で、45分から1時間以内でアクセスできることです。また各駅前には大型の商業施設が揃っていますし、湘南の明るい陽光と相まって

写真③　片瀬西浜（神奈川県藤沢市）から見る富士山

街に活気があります。特に藤沢市は近年人口が急増していて、東京のマンションなどを売却して移り住む人たちが増えています。

多くの人たちが勘違いするのは、ＪＲの駅から海岸にそのままアクセスできると思っているところです。実は各駅は海岸からは数キロ離れていて、歩いて海に出ることは無理です。

海岸沿いに住むのなら、藤沢駅から海に向かって延びる小田急江《え》ノ島《しま》線、江ノ島電鉄沿いを選ぶとよいでしょう。中古の戸建て住宅であれば、立地や築年、物件内容によりますが４０００万円台程度、中古マンションなら２０００万円台程度から手に入ります。海とともに暮らすには最高のエリアと言えます。

平塚、大磯になると物件価格はさらに安くなります。平塚は大型商業施設が集積していますが、騒がしい中心市街地よりも虹ケ浜《にじがはま》などの海岸沿いがおすすめです。大磯は明治から昭和時代の政治家や文豪が別荘を構えた土地で名高いですが、敷地25坪から30坪程度の中古住宅なら2000万円台程度で手に入ります。湘南の雰囲気を感じるには良い立地です。

このほか神奈川県内でマリンレジャーやスポーツに興《きょう》じたいのであれば、比較的地価の安い横須賀《よこすか》や三浦エリアもおすすめです。横須賀はJRと京浜急行が別ルートを走り、JR横須賀駅と京浜急行横須賀中央《よこすかちゅうおう》駅はかなり離れているので、待ち合わせなどをする際には要注意です。

どちらかと言えば、私は京浜急行沿線をおすすめします。JR横須賀線は鎌倉を経由して東京方面に向かうので、時間がかかりますが、京浜急行は特急などが充実していて、横須賀中央から品川まで特急利用で1時間です。交通アクセスはかなり良いと言えます。横須賀は東京湾沿いの街と考えられがちですが、相模湾側の佐島《さしま》や湘南《しょうなん》国際村《こくさいむら》近辺も通勤をあまりせずに暮らすなら、素晴らしい景観と豊かな自然環境を楽しめます。

私の知人は、上場企業のエリート社員ですが、都内での生活をやめて、三浦海岸に住み、都心のオフィスには週1回程度の通勤をしています。海を間近に感じる生活は家族も喜び、本当に人生が変わったようだと話していました。三浦も選択肢に入れてよいでしょう。

②千葉県

千葉の房総エリアもおすすめの街がいくつかあります。外房《そとぼう》と言えば海があって観光地やサーフィンのメッカとして、昔から人気があります。この中でも鴨川《かもがわ》は特筆されます。太平洋の絶景はもとより、街を訪れると驚くのが街全体にリゾート感があふれ、明るいことです。

海岸沿いにある、シャチなどの飼育で有名な鴨川シーワールドは、1970年の誕生。何度かの経営危機を乗り越え、現在では年間90万人が訪れる観光スポットになっています。身近に海を感じるだけではなく、シーワールドで海の生き物たちと触れ合う生活ができます。またこの街をおすすめする最大ポイントが医療体制の充実です。亀田総合病院は、浅田次郎《あさだじろう》の小説で映画化された『天国までの百マイル』にも登場するベッド数900床超を擁する首都圏有数の病院です。この病院を訪れると、病院というイメージがまったく感じられず、まるでカリフォルニアのリゾート地にある瀟洒なホテルの中にいるような感覚にとらわれます。【写真④】

2005年4月に竣工したKタワーの1階部分にはコーヒーショップのタリーズをはじめ、多くの商業店舗が並び、普通の市民が楽しめる「街」の要素を兼ね備えています。また最上階にあるレストランは、誰でも利用できるばかりでなく、アルコールも提供されています。

病院であればどうしても患者と一般市民は隔絶された環境となりがちであるのに対して、この病院は市民との垣根を医学的に可能な範囲で見事に調和させています。この病院前のバス停から高速バスに乗れば、東京駅八重洲《やえす》口まで2時間半。1日に20本程度あるのも心強いポイントです。

同じ外房では、いすみもおすすめです。いすみの魅力は大原《おおはら》港からの釣りです。タイやイサキ、冬場のヒラメなど豊富な魚種は太公望《たいこうぼう》垂涎の好漁場です。また夷隅川《いすみがわ》の流域では、まるで時代をタイムスリップしたような、のどかな光景を楽しめます。大《おお》多喜《たき》町の上総中野《かずさなかの》から大原をつなぐいすみ鉄道は、2両編成ののどかな鉄道ですが、

写真④ 亀田総合病院（千葉県鴨川市）

車窓から見る春の菜の花畑の絶景はメディアでもよく紹介されます。

この街の特徴は、移住に対して理解のある土地柄であることです。実際に都内からの移住者が多く、東京で仕事を持ちながら畑を耕したり、陶芸や芸術・音楽活動に勤《いそ》しむ姿があちらこちらで見られます。土地代も安いです。更地価格で坪あたり3万円から5万円程度。100坪でも500万円以内で手に入ります。

大原から東京までJR外房線特急わかしお利用で1時間20分。東京湾アクアラインを使えば、車でのアクセスも悪くありません。

内房《うちぼう》ならやはり館山《たてやま》をおすすめします。外房に比べて海は穏やか、そして温暖な気候は住みやすいです。JR内房線は特急さざなみが館山から君《きみ》津《つ》間が廃止になり不便になりましたが、高速バス網が充実。東京都心と1時間半から2時間で結ばれています。このエリアの中心地であるため商業施設などもひととおり揃い、ゴルフや釣りを楽しみながらゆったり過ごすには最適の地です。2拠点居住をしている人も多く、平日は都心マンション、週末は館山ライフを満喫しています。

③埼玉県

川越《かわごえ》は埼玉県南西部に位置し、市内のほぼ中心部にJR川越線、東武東上線、西武新宿線が集まる交通の要衝にありますが、どの駅も互いに微妙な距離があり、連関性に欠けています。また、東武東上線で池袋《いけぶくろ》までは40分、西武新宿線で新宿まで約1時間のアクセスはけっして遠くはないものの、同じ街でひとつの駅からアクセスができないことは、川越に住まいを構える上でネックにもなってきました。しかし、通勤主体ではなく、自分の仕事の関係で新宿や池袋、大宮《おおみや》方面などにたまに出かけるといった生活を前提におけば、この街の楽しさが倍加します。

川越は古い街で、蔵造りの家が立ち並び、エリア内には神社仏閣も多く、とても風情のある良い街並みです。新河岸川《しんがしがわ》の沿道の桜並木も見事です。また意外と知られていないのですが、鰻《うなぎ》、サツマイモなど食べ物も豊かです。都心に向かわなければ、JR川越線で高麗川《こまがわ》、東武東上線で坂戸《さかど》や森林公園《しんりんこうえん》、西武新宿線で狭山《さやま》方面にアクセスができ、県内の観光名所や自然に触れあうにも好適な立地です。

所沢《ところざわ》も良いと思います。所沢は東京に通勤する勤労者のベッドタウンとして栄えてきた街で、西武新宿線で西武新宿に、西武池袋線で池袋へとつながり、これら都内の主要ターミナルまでは30分前後。ほかに西武新宿線やJR武蔵野線も乗り入れる交通アクセスに優れた街です。

所沢は西武鉄道グループの本拠地としても有名です。プロ野球埼玉西武ライオンズの本拠地メットライフドームをはじめ、西武所沢ショッピングセンター、西武園ゆうえんち、西武園競輪場、狭山スキー場、ところざわのゆり園など遊んだり寛《くつろ》いだりするには最高の街です。

所沢駅前にはプロペ通り商店街があり、その先には、ファルマン通りが続きます。「プロペ」や「ファルマン」といった名前は、商店街や通りとしては珍しく感じられますが、実は、所沢は日本初の飛行場ができた街です。１９１１年、所沢陸軍飛行場が完成した時に初飛行に使われたのが、アンリ・ファルマン式複葉機でした。ファルマン通りはこの飛行機の名に由来しています。プロペも、飛行機のプロペラからつけられたと言います。現在、飛行場はありませんが、所沢航空記念公園は市民の憩《いこ》いの場となっています。

東所沢和田《ひがしところざわわだ》地区においてKADOKAWAが開発を進めてきていた「ところざわサクラタウン」は、KADOKAWAと市の共同プロジェクト「COOL JAPAN FOREST構想」の中核と位置づけられ、日本のポップカルチャー発信の一大拠点となることを狙っています。

タウン内には博物館・美術館・図書館・アニメミュージアムが融合した角川武蔵野ミュージアム、ポップカルチャーやeスポーツなどのイベントを行なえるジャパンパビリオン、アニメやコミック、ゲームなどの世界観を演出し「好きな物語に、泊まる」をコンセプトとするEJアニメホテルなどがあります。さらに、書店、オフィス、神社など、ポップカルチャーや文化芸術を愛する人たちにはうってつけの街です。

田舎生活に主眼を置きたい人には横瀬《よこぜ》町がおすすめです。横瀬町は埼玉県の北西部、秩父《ちちぶ》市に隣接しています。西武池袋線で飯能《はんのう》経由秩父線を利用します。特急レッドアロー号または2019年に導入され、車両デザインなどで数々の鉄道関係の賞をとったラビュー号なら池袋からわずか1時間10分程度でアクセスできます。

この街は南に武甲山《ぶこうさん》、二子山《ふたごやま》を臨み、西武秩父線の芦《あし》ヶ久保《くぼ》駅や横瀬駅を起点として、ハイキングからトレッキング、本格的な登山までさまざまなコースを楽しむことができます。

ハイキングコース途上には、観光農園も数多く、ぶどうやいちご狩りを楽しめます。渓流釣りを楽しめる場所も多く、自然の中にどっぷりつかった生活ができます。町内の北西部は平地になっていて、役所や銀行があり、日常用品が手に入りますので自転車だけでも十分生活ができてしまいます。少し大きな買い物であれば隣接する秩父市に行けば賄えます。

風景は何とも日本の農村の原風景のようです。【次ページ・写真⑤】都会では考えられないような環境で住みながら時折、特急に乗って池袋、新宿に出ることができる、とても居心地の良い街です。

自然環境が豊かな街は日本全国どこでもありますが、この街をわざわざ選んだのには理由があります。

写真⑤　横瀬町（埼玉県秩父郡）から見る武甲山

この街が「日本一チャレンジする町」だからです。富《とみ》田《た》能成《よしなり》町長はこの街で育ち、銀行員をやめてから街に戻り町長になった異色なキャリアを持つ方ですが、チャレンジする必要性について、次の理由を掲げています（横瀬町ホームページより）

①消滅可能性のある町は「このままでいい町」ではない。だからチャレンジする。

②変化が激しい現代社会においては、これまでの経験則や常識だけではだめ。成果を出すにはチャレンジしなければならない。失敗したら町長が責任を持つ。

③チャレンジは人を元気にし、そのことが外からも人を引き付けることにつながる。

こうした発想のもと、横瀬町では「よこらぼ」という「横瀬町とコラボする研究所」を立ち上げ、２０２１年7月1日時点ですでに95のプロジェクトが採用され、実行に至っています。人とのつながりを重視して積極的に人の話を聞き、取り入れていこうとする行政の積極性は、都会から離れて2拠点居住あるいは「田舎ときどき都会」生活を実践する場所としておすすめできます。

山を愛し、田園生活を心から楽しみながら過ごす。横瀬町にはこうした魅力が凝縮されているように思います。

そのほかの関東および周辺県ならここ

関東地方やその周辺の長野、山梨、静岡にも魅力的な街があります。すべてを紹介できませんが、いくつか魅力のある街をご紹介しましょう。

東京への通勤にはやや不便ながら、住むには良いなと思う街のひとつが茨城県の水《み》戸《と》です。水戸は紀伊《きい》和歌山、尾張《おわり》名古屋と並ぶ徳川《とくがわ》御三家の城下町です。梅の見どころとして有名な偕楽園《かいらくえん》は全体が公園となっていて、その面積はニューヨークのセントラルパークに次いで世界第2位の広さを誇ります。
私が水戸の中でも好きな場所が千波湖《せんばこ》付近です。この湖は水戸城の南側にあって外堀の役目をしていたのが、戦後の埋め立てなどによって整備されたものです。湖周辺は自然に囲まれた幻想的な素晴らしい景観で、ランニング、犬の散歩などをするには最適です。

水戸の食と言えば納豆が思い浮かびますが、私が水戸を訪れる際楽しみな食材は2つ。鰻とアンコウです。関東では同じ茨城県内の牛久沼《うしくぬま》の鰻が有名ですが、水戸の鰻は絶品です。市内を流れる那珂川《なかがわ》は川魚の宝庫。ここで獲《と》れる鯉や鰻は古来、水戸街道沿いの多くの飲食店で提供されてきました。今でも街を歩くとこんなにたくさん並んでいて大丈夫かと心配になるほど、多くの鰻屋が軒《のき》を連ねています。

そして毎年、寒さが身に染みる季節になると思い出されるのが、アンコウ鍋です。アンコウは茨城県の沖合の鹿島灘《かしまなだ》で多く獲られ、鍋は味噌味を基本に白菜やねぎ、きのこ、焼き豆腐などで煮込まれ、冬の寒さで凍《こご》えた体を芯から温めてくれます。

水戸からは大洗《おおあらい》方面に行けば、ゴルフや釣りを楽しむことができます。水戸市内には大型商業施設もあって、生活するのに不便はありません。千波湖のある千波町あたりで中古の戸建て住宅なら3000万円台で、かなり良質の物件が手に入ります。

ＪＲ常磐線を利用すれば特急で東京駅まで1時間10分強、さらに終着の品川駅まで足を延ばせるようになりました。通勤が月数回程度であれば、水戸に住むのは住環境の良さを考えるとおすすめです。

長野県の軽井沢町《かるいざわ》は別荘地としてあまりに有名です。軽井沢は標高940ｍの高原にあり、夏の涼しさと景観の美しさから、明治時代にカナダ人宣教師であったアレクサンダー・クロフト・ショーと東京帝国大学の英文科講師だったディクソンなどによって紹介されました。

現在でも外国人居住者は多く、2019年で585人。欧米人が多く暮らすイメージがありますが、最近では中国人も多く、その数は中国人89人におよび、米国人の78人を上回ります。

軽井沢は北陸新幹線で東京から1時間。この街が注目されたのが、コロナ禍が続く中でのリモートワークの常態化でした。コロナ禍で住む場所の制約から解放されたビジネスパーソンにとって、軽井沢居住が現実のものになってきたのです。これまで軽井沢に住むのは、時間的な自由を持つ、アーティストやクリエイターであり、財を成した起業家やリタイアメント層に限られていました。ところがリモートワークの普及は、多くのビジネスパーソンに、この街が住むための街として選択肢に加えられることになったのです。

では軽井沢は定住するのに適した街か、あらためて考えてみましょう。

一般的に移住するには、年齢や世帯の状況によって優先される条件は異なるものの、おおむね①物件を含めた居住環境、②仕事、③教育、④医療、⑤公共施設の状況によるとされます。

軽井沢をこの条件で当てはめると、①は冬の寒さは別として物件数も多く定住する環境として申し分ありません。②の仕事についてもリモートワークができて、必要に応じて1時間で東京にアクセスできます。この点は大変評価が高い部分です。④についてもお隣りの佐久《さく》市には大型の医療施設や救急救命センターが充実しています。⑤も軽井沢町は比較的裕福な自治体であり、公共施設は十分整っていると言えます。

そして移住でよく問題となるのが③の教育です。教育環境が整わないとファミリー層の移住は難しくなります。軽井沢では最近この問題を解決する動きが見られています。

2014年にはUWC（United World College）系列のISAKジャパンがオープン。世界73カ国から190人もの学生が集結する全寮制のインターナショナルスクールです。また2020年4月に、楽天創業メンバーのひとり本城慎之介《ほんじょうしんのすけ》氏らによる中高一貫校の風越学園が創設され、話題を呼んでいます。教育環境の充実はさらに新たな人々を呼び込む起爆剤になりそうです。

問題は不動産価格が高いことです。人気を背景に、軽井沢の不動産価格は高騰を続けています。旧軽井沢《きゅうかるいざわ》よりも、多少不便ですが北軽井沢《きたかるいざわ》近辺も最近は開発が進み、住みやすくなりました。値段も中心部よりも安くなりますので狙い目です。また少し足を延ばせば、草津《くさつ》温泉にも近いです。何といっても新幹線を使えば東京へのアクセスは容易です。

夏の混雑を嫌う人はいますが、軽井沢にたとえば6月から10月まで過ごすのでしたらこの豊かな生活環境を満喫できます。これからの時代、「軽井沢ときどき東京」は、多くのビジネスパーソンにも実現可能な生活になるでしょう。

もうひとつ長野県内でおすすめしたいのが、松本《まつもと》です。松本は新宿から特急利用で2時間半。同じ県内の県庁所在地長野が東京まで北陸新幹線利用で1時間20分強かかるのに対して、通勤はもとよりビジネス出張でも後れを取ってきました。しかし、これからの時代、松本は住みたい街、として脚光を浴びそうです。

松本は「三ガク都」とも呼ばれ、「楽都」＝音楽の街、「岳都」＝山岳の街、「学都」＝学問の街としても売り出しています。

「楽都」としては、毎年8月、9月に行なわれる松本音楽祭は全国から多くの観客が集まる一大イベントです。小澤征爾《おざわせいじ》さんが指揮を執《と》ることから「セイジ・オザワ松本フェスティバル」とも呼ばれます。

この音楽祭は1992年、サイトウ・キネン・フェスティバル松本としてスタートしました。もともと桐朋学園大学で教鞭をとっていた齋藤秀雄《さいとうひでお》氏に師事した音楽家や演奏家が集まって開かれてきたものですが、「サイトウ・キネン」では外国人にもわかりづらいということで、2015年から弟子のひとりである小澤さんの名前を冠《かん》するようになってから、大勢の観客を呼び込むことに成功しました。

「岳都」としては、街の北西に北アルプス、南西に御嶽山《おんたけさん》、南東に蓼科山《たてしなやま》を臨む街として昔から登山を楽しむ多くの人々でにぎわってきました。現在では中高年の登山ブームに誘われて、多くの登山客が松本を訪れるばかりではなく、この雄大な光景に魅《み》せられた外国人観光客も急増してきました。

松本市における外国人延べ宿泊者数を見ると、２０１７年は年間14万７５５人泊にもおよび、この数は同じ県内の軽井沢町を凌駕して県内１位です。ちなみに10年前の２００７年はその数はわずか３万７７３１人（県内３位）であったので、この間に３・７倍にもなったということです。

また、国別内訳を調べると、欧米人の割合が18・１％（２０１７年）にも達しており、軽井沢町の１・９％に比べても欧米人人気が突出していることがわかります。軽井沢には欧米人がたくさんいるように思いがちですが、実はグローバル化が進んでいるのは松本のほうなのです。

「学都」としては、日本最古の小学校である旧開智《かいち》学校の存在だけでなく、毎年「学都松本フォーラム」を開催。若者だけでなく子供や高齢者など幅広い人たちが集まり、さまざまなテーマでのディスカッション、ワークショップ、現地学校などを開催しています。

このように、生活する上でとてもバランスが取れている街が松本です。冬の寒さや積雪量も軽井沢よりも穏やかですが、白馬《はくば》や八方尾根《はっぽうおね》など長野県内の多くのスキー場にもアクセスしやすいので、ウィンタースポーツを楽しみたい人にも絶好の活動拠点になります。

春から夏には高原をトレッキング。音楽を楽しみながら、クラフトフェアに出かけて工芸品を吟味する。秋は絵画のように美しい紅葉を眺め、冬はスキーを楽しむ。松本は実に多彩な生活シーンを私たちに提供してくれる街なのです。

山梨県も、どちらかと言えばこれまで通勤圏という概念は希薄でした。その中では大月《おおつき》に注目しています。

大月は山梨県東部にあって、周囲を秩父山地、御坂《みさか》山地、丹沢《たんざわ》山地などに囲まれ、街の南部は相模川の源流である桂《かつら》川《がわ》や支流の笹子《ささご》川《がわ》、葛野《かずの》川《かわ》などが流れる、とても自然環境に恵まれた街です。

街の東西を中央自動車道、甲州《こうしゅう》街道と呼ばれる国道20号線、JR中央本線が貫き、南北に奥多摩《おくたま》から河口湖《かわぐちこ》に抜ける国道139号線、そして139号線に沿うように富士急行大月線が走る交通の要衝です。JR中央本線の特急を使えば新宿まで1時間強、八王子《はちおうじ》までならわずか30分弱でアクセスができます。

市制が施行されたのは１９５４年ですが、当時は人口が４万人を超えていて、繊維業や林業の街として栄えていました。その後１９８０年から１９９５年頃までは半導体メーカーが立地し、東京で受けきれなくなった働き手の住宅を確保するべく住宅団地などが建設され、街は発展してきました。ところが、平成バブル崩壊後は、交通の便の良さは街からの人口流出を加速させ、代表的な産業であった繊維業や林業の衰退が拍車をかけました。

こうした傾向に歯止めをかけようと大月市では着地型観光を核とする交流、移住定住促進事業を標榜し、里山体験や親水体験などを通じて、都市住民や観光客の誘致に努めてきています。

大月から眺める富士山《ふじさん》の景観は圧巻です。市では市内いたるところから眺めることができるこの富士山の眺めを「秀麗富嶽十二景」として１９９２年に制定しています。また清流桂川に架かる猿橋《さるはし》は、西暦６００年、百済《くだら》の造橋士によって造られたとされる、特殊な工法の橋で、歌川広重《うたがわひろしげ》の「甲陽猿橋の図」に描かれ、十返舎一九《じっぺんしゃいっく》の「諸国道中金之草鞋」にも登場し、秋の紅葉シーズンにはモミジやケヤキ、イチョウが色づき、その美しさは折り紙付きです。

コロナ禍が契機になった人々の東京脱出は、この街にフォローの風を吹かせることでしょう。緑濃い森林や清流に育まれた豊かな自然は生活環境として申し分なく、山好きの人たちには、トレッキングコースが豊富に用意されています。清流は眺めるだけでなく、渓流釣りにはもってこいのポイントが数多くあります。ちょっと足を延ばせば河口湖などの観光地へもアクセスできます。そして東京にたまの仕事や買い物に出る時も1時間強でアクセスできるのは、ポストコロナの住処としてはポイントの高い街です。

中古住宅ならば1000万円台で十分居住に耐えるものが手に入りますし、2000万円も出せば、かなり立派な邸宅にも手が届きます。大月は、山と渓流を愛する都会人にとって格好の住処となる可能性を持っていると言えそうです。

新潟県の新潟は、関東人には少なくとも居住地としての意識は少ないところですが、実は魅力的な街です。

この街を訪れると誰もが驚かされるのが、広大な平野と平野の豊かさを象徴するかのように流れる「水」です。肥沃《ひよく》な平野と水に恵まれた新潟は米どころ、酒どころとしても知られています。東京からは上越新幹線で約2時間。高速道路でも関越自動車道で東京と直結するため、東京との間は、工業や商業での結びつきがとても強いエリアと言えます。しかし新幹線と高速道路でつながっている「近いはず」の新潟なのですが、実は東京の人たちには意外と知られていない別の魅力が数多く存在します。

新潟の街は信濃川《しなのがわ》と阿賀野川《あがのがわ》に挟まれるように形成され、街の中心は信濃川が二手に分かれて日本海に流れ込む新潟島《にいがたじま》の中心部にある古町《ふるまち》エリアと川の南東側の万代《ばんだい》エリア、そしてＪＲ新潟駅周辺エリアに分かれます。

古町は江戸時代、新潟港が北前船の日本海側最大の寄港地として大いに栄えたことから、多くの遊郭が軒《のき》を連ねていました。その後昭和初期には京都の祇園《ぎおん》、東京の新《しん》橋《ばし》と並ぶ、日本の三大花街として全国にその名が知られるところとなりました。古町は古町通《ふるまちどおり》と呼ばれる通り沿いに1番町から13番町まで分かれています。このうち8番町や9番町付近には当時の面影を残す店や多くの飲食店が立ち並んでいて、お店の中には、今でも芸妓を呼べるお店があります。

古町とは信濃川を挟んで対岸に位置する万代は、１９２９年竣工で国の重要文化財ともなっている萬代橋《ばんだいばし》付近を中心に隣接する八千代《やちよ》町とともに、街のもうひとつの中心を占めています。バスターミナルが整備され、万代シティなどの大型商業店舗、ホテルなどが軒を連ねます。

このエリアで見逃せないのが、２０１０年10月に万代島《ばんだいじま》の旧魚市場跡にオープンした商業施設、ピアBandaiです。この施設は新潟魚市場の跡地に県や市が地域経済活性化を目的に計画された「万代にぎわい空間創造事業」の一環として、地元の鮮魚などの販売を行なう市民市場としてオープンしましたが、地元民に交じって多くの観光客が訪れるようになり、土日ともなると朝のオープン前から駐車場前は長蛇の車列となっています。この市場を訪れれば、新潟が米や日本酒だけでなく、ビールやワイン、新鮮でおいしい野菜、果物、そして日本海の豊富な海の幸にいかに恵まれているかに気づかされます。

冬の寒さが厳しく、積雪もある新潟なら家選びはやはりマンションです。新潟の中心部のタワーマンションなら中古で90㎡前後３０００万円台後半から４０００万円程度。中央区の白山《はくさん》公園近辺で70〜80㎡の物件なら３０００万円台で取得できます。日本海から見る夕陽はこの上ない美しさです。この街なら数年住んでみてもよいなと思わせる豊かさがある街、それが新潟です。

静岡県にもおすすめの街が２つあります。三島《みしま》と静岡です。どちらもポイントとなるのが東海道新幹線です。この新幹線沿線に位置する三島も静岡も、東は東京、西は名古屋という２つの大都市圏にダイレクトにつながる強みを持つという点で共通します。

三島は、東海道新幹線で東京からはひかり号で47分、こだま号で53分。このアクセスの良さは、平成バブル時代から新幹線通勤者を生み出しました。また市内には多くの製造業の事業所、工場があるため、毎日多くのビジネスパーソンが新幹線に乗って出張してきます。

こうした立地と街の雰囲気は、これからは三島でテレワークをして暮らしながら、時折東京に出向くという、これまでとは異なる人流を生み出しそうです。これまでは東京にだけ顔を向けていたビジネスパーソンでしたが、これからは三島に本拠地を置く人たちが増えそうです。

三島は静岡県の北西部、伊豆半島の付け根にあって、神奈川県の箱根《はこね》に近く、南に向かえば伊豆の修善寺《しゅぜんじ》方面へ、修善寺からは東伊豆にも、西伊豆にもアクセスが容易です。また南西に向かえば沼津《ぬまづ》に出ることができます。沼津港では新鮮な水産物が手に入ります。温泉も食も充実しているのが三島です。街中から仰《あお》ぎ見る富士山は絶景です。特に三島スカイウォークから見る姿は、多くの観光客を引き寄せています。

三島の街自体に何か大きな特徴があるわけではありませんが、箱根、富士山、伊豆という優れた景勝地を足元に置き、交通の要衝にあることは、これからの時代に住む街としては機能的な住みやすい街としておすすめできます。

さらに静岡県内で生活するのに実にバランスが取れた街としておすすめなのが、静岡です。地方都市の多くが産業構造の変化に伴って中心市街地が廃《すた》れ、郊外のロードサイドに商業店舗が集積することが多いのですが、静岡は駅から市内を歩くと、狭いエリアに多くのオフィス、商業施設、マンションなどが集積しており、実にコンパクトな街なのです。

また市内では静岡駅から駿府《すんぷ》城付近までの繁華街のみならず、清水《しみず》、東静岡、草薙《くさなぎ》などにも副都心機能が分散されていて、一極集中の現象もありません。静岡市民のどことなく上品でおっとりした気質、競争を好まず、車でも道を譲りあう気性は、街の雰囲気にも影響しているのかもしれません。

交通の利便性はかなり良いです。静岡駅から東海道新幹線に乗れば、東京にも、名古屋にも約1時間でアクセスできます。市内の学生には東京や名古屋の大学に合格しても、家から通う子がいるのも、この抜群の交通利便性があります。新幹線だけではありません。市内にはＪＲ東海道本線をはじめ、静岡鉄道、バスなど交通網が充実しているため、車を持たなくともかなり自由に移動ができるのもこの街の特徴です。

都会であっても、自然は実に豊かです。北には南アルプスの勇壮な山々、南には駿《する》河《が》湾が広がり、山の幸、海の幸にも恵まれています。海の玄関口である清水港があり、東名高速道路、新東名高速道路が東西を走ります。島《しま》田《だ》市には静岡空港があって、物流機能も充実しています。

こうした諸条件が整う静岡市は、２０１５年日経ＤＵＡＬ調査の「共働き子育てがしやすい街地方都市編」で第1位に輝きました。1位になった要因としては3つポイントがあります。

ひとつは市内14カ所に設置された未就学児サポートのための子育て支援センターの存在です。ここでは子供未来サポーターと呼ばれる専門知識を持った職員が子育て支援サービスの紹介や育児相談にあたっています。２つ目は小中高校生に対するサポート体制の充実です。放課後児童クラブは6年生まで全員の受け入れ、夜19時までの保育体制を整えています。3つ目としての医療費助成も0歳児は無料、1歳から高校生まで通院1回当たりの負担はわずか500円です。加えて、所得制限のない不妊治療支援や産後ケアが行なわれることです。

こんなに住みやすい街、静岡の悩みは、交通の便が良すぎるあまりに、市内から気楽に東京や名古屋といった大都市圏に人口が流出してしまうことでした。しかしこれからは、大都市を避け、郊外都市や地方都市でリモートワークを行なう時代です。そうした意味からはリモートワークするための環境が、この街にはほとんどすべてが整っていると言えます。新しい働き方、ライフスタイルを実践するには静岡は大変可能性を持った都市だと考えています。

東京郊外に住むならここ

都心居住から逃れて新たに家選びをするにあたっても、いきなり東京から100キロ以上も離れて生活するのに不安を覚える向きもあるでしょう。

ここでは、東京郊外部でおすすめする街をとりあげましょう。ここで登場する街はみな、すでに東京に通勤する街としては定評のある街ばかりです。

しかし、ただ東京都心部に通勤しやすいとか、値上がりするかもしれないという観点からではなく、街としての面白みがあり、1日中過ごしても十分に楽しめる街を選んでみました。いくら働き方が変化していくといっても、まだまだ都心オフィスへの通勤がまったく必要なくなるわけではありません。

住みやすくてかつ、都心アクセスにも優れたいくつかのおすすめの街をご紹介しましょう。

最初にご紹介するのが立川《たちかわ》です。立川はJR中央線の立川駅から特別快速に乗車すれば、新宿駅には25分、東京駅には40分程度でアクセスができます。立川駅は中央線のほかにもJR南武線があって川崎方面へもアクセスが可能ですし、JR青梅線で奥多摩方面にもつながっています。また市を南北に貫く足の便としては多摩都市モノレールがあります。このモノレールに乗れば北は玉川上水《たまがわじょうすい》で西武拝島線に接続し、立川から南では高幡不動《たかはたふどう》で京王線に、多摩センターで小田急多摩線と京王相模原線に接続します。立川は多摩エリアの広範囲から人を集めることができる交通網が整備されているのです。

立川は1970年代前半までは「基地の街」という色彩が強かった街です。立川を語る際、この地の軍事上の拠点としての歴史を語らないわけにはいきません。1922年、当時の立川村に帝国陸軍飛行第5連隊が「立川飛行場」を設置したのが、この街と軍とのつながりの発端です。1930年に当時中央区の月島にあった石川島飛行機製作所が立川に移転。1936年立川飛行機株式会社となって帝国陸軍の軍用機を製造しました。

戦争が終わった1945年9月、立川飛行場は米軍に接収され、朝鮮戦争やベトナム戦争では出撃の拠点として使われ、この街から戦争の臭いが消えることはありませんでした。1950年代後半には基地を拡張しようとする米軍とこれを阻止しようとする住民や学生などとの間で激しい闘争が起こり、舞台となった地名から砂川《すながわ》事件としてその名が歴史に刻み込まれています。

その後1977年に米軍は現在の横田《よこた》基地に移転し、立川基地は全面返還されます。跡地は住宅などの乱開発に充当されるのではなく、陸上自衛隊の立川駐屯地や国営昭和記念公園となり、さらに国の機関である「立川広域防災基地」が整備されました。

立川広域防災基地は首都圏での大規模災害発生時には災害応急対策活動の拠点とな

るよう整備されています。たとえば南関東で大規模な災害が発生した際には、空輸による人員や物資などの緊急輸送の中継・集積拠点となります。この基地では自衛隊だけでなく、警察や消防、広域災害基幹施設としてのＤＭＡＴが一体となって対応する体制が整えられています。そのために立川飛行場に残る長さ９００ｍの滑走路は空輸に使用され、昭和記念公園には備蓄食糧などが整い、緊急の場合には立川の街が一躍災害対策の街として機能するようになっているのです。

「安心・安全」を地で行く立川は多摩地区の中心都市として多くの人が集まり始めています。その姿は人口動態を見れば明らかです。２０１７年度では東京23区に対してこそ転入より転出が上回る（90人）ものの、立川以外の多摩エリアに対しては３４３人、多摩を除く１都３県では１００人、その他全国では６５２人の転入超、全体では１００５人の転入超になっています。

特に最近では、市内の丘陵地のニュータウンなどの戸建て住宅に住んでいたシニア層が、車を捨てて、立川駅周辺のマンションに移り住む傾向も顕著になっています。これは「勝手コンパクト化現象」とも呼ばれるもので、特段に政策誘導せずとも人々が自主的に駅周辺に居を移す行動として注目されます。

こうした人の移動を受け入れるべく、駅周辺にはJR系のルミネやエキュート、百貨店の伊勢丹があり、2015年12月には多摩都市モノレールの立飛《たちひ》駅前に店舗面積約6万㎡のららぽーとがオープンしています。立川の街には多くの人が行き交う未来の「郊外タウン」の姿が垣間《かいま》見えます。

SUUMOが毎年発表する「住みたい街ランキング」では武蔵野《むさしの》市の吉祥寺《きちじょうじ》が、横浜や恵比寿《えびす》などと第1位を争っていますが、私がおすすめするのは、その隣り駅の三鷹《みたか》です。吉祥寺駅の南口を出ると井《い》の頭恩賜《がしらおんし》公園がありますが、公園のほとんどは武蔵野市ではなく三鷹市内にあります。吉祥寺駅の南西部、京王井の頭《いのがしら》線の井の頭公園《こうえん》駅、三鷹台《みたかだい》駅の西側は、みな三鷹市になります。

「住みたい街ランキング2021」では吉祥寺が第3位であるのに対して、三鷹は第27位ですが、回答者の多くが吉祥寺と三鷹をごっちゃにしている印象があります。それほど三鷹は、私から見て評価の高い街です。

三鷹は、武者小路実篤《むしゃのこうじさねあつ》、山本有三《やまもとゆうぞう》、太宰治《だざいおさむ》、三木露風《みきろふう》などの文人が居を構えた「文士の街」です。禅林寺《ぜんりんじ》には太宰治や森鷗外《もりおうがい》の墓があります。また井の頭恩賜公園内には三鷹の森ジブリ美術館があります。この街の良さは、自然と街が無理なく溶け合った、落ちたついた佇《たたず》まいにあります。

三鷹駅南口の中央通りには商店街が充実します。コロナ禍では2021年4月に東京都が発令した「まん延防止等重点措置」の対象に武蔵野市が指定されたにもかかわらず、三鷹市は指定から外れたために、駅北口の飲食店と南口の飲食店とで営業時間などに格差がつき話題になりましたが、ビジネス街としての色彩が強い北口よりも、三鷹市に属する南口のほうに活気があります。

市内は瀟洒な住宅地があるだけでなく、学校や病院も充実しています。国際基督教大学（ＩＣＵ）をはじめ杏林大学、法政大学中高等学校、明星学園、聖徳学園中高等学校など私立学校が多く立地しています。医療施設も、武蔵野赤十字病院、三鷹中央病院、三鷹病院、杏林大学医学部付属病院などが揃います。

三鷹は交通利便性でも特筆されます。ＪＲ中央線（快速）、総武線（各駅）が東西を貫きますが、総武線は三鷹が始発駅です。しかも中野《なかの》駅から東京メトロ東西線に乗り入れているため、高田馬場《たかだのばば》から大手町、日本橋《にほんばし》方面へのアクセスに優れます。これらの駅に始発で座ってアクセスできるのは、大きなメリットと言えるでしょう。

さらに、ＪＲ中央線の特別快速が三鷹駅で停車します。上りですと三鷹の次は中野、下りですと国分寺になります。どちらに向かうにも三鷹は大変便利な駅なのです。特別快速は新宿に22分、東京には36分で到着します。南北にはバス便も充実します。

このように、都心への利便性を確保しながら、井の頭恩賜公園や調布市《ちょうふ》、小金井《こがねい》市との境にある野川《のがわ》公園など自然環境の豊かさを身近に感じながら暮らすことができるのが三鷹です。ちなみに駅南口周辺の土地の多くは寺が所有していて、分譲マンションの中には土地の賃借権の売買になっているものがあります。権利関係をよく見極めた上で取得することを考えたいものです。

三鷹の南隣りにある調布も快適な住環境でおすすめです。多摩エリアの東端にあって北に深大寺《じんだいじ》、神代《じんだい》植物公園があり、南は多摩川《たまがわ》に接しています。鉄道は京王電鉄京王線と調布駅から分かれる京王相模原線の2つの路線があります。京王沿線の中でもこの調布市内にある仙川《せんがわ》からつつじヶ丘《おか》、国領《こくりょう》、調布にかけては良好な住宅地が続きます。

調布駅からは日中に特急を利用すれば新宿までわずか15分強という立地の良さで、新宿や渋谷に通勤する人たちの住宅地として発展してきました。バス路線も充実していて、JR中央線や小田急線の各駅にも接続します。道路は甲州街道や中央自動車道道路調布インターチェンジがあり、都内にも山梨方面へのアクセスも良好です。また調布飛行場は、東京都の離島である大島《おおしま》、新島《にいじま》、神津島《こうづしま》、三宅島《みたけじま》に飛ぶ路線が就航しているのも特筆されます。

調布駅周辺には商業施設やホテル、オフィス、公共施設などが集積していて、多摩東部の中心都市ともなっています。

さらに調布が魅力的なのは、この街にはさまざまなソフトウェアがあることです。街の南部に映画関連の事業所が集積しています。角川大映撮影所、日活撮影所、TAKAMATSUや東京現像所などがあって、市も映画産業の振興や映画文化の普及に努めています。調布市出身や在住のタレントも多いのが特徴です。

またスポーツ好きにはたまらないのがこの街です。調布インターの近く、調布飛行場に接する東京スタジアム（味の素スタジアム）は、サッカーJリーグのFC東京、東京ヴェルディのホームスタジアムです。サッカー場やテニス場などのスポーツ施設が多摩川沿いに数多くあり、ランニングやサイクリングにも好適です。

不動産価格が底堅いのも調布の特徴です。中古の戸建て住宅でもつつじヶ丘あたりでおおむね土地が100〜120㎡、建物80〜90㎡程度で4000万円から5000万円台、中古マンションで仙川や国領の駅近で坪当たり300万円近くの価格が付きます。

ただ生活環境が良く、都心へのアクセスが良い調布近辺は、これからの家選びでも優位性を保つ立地と見てよいでしょう。手頃な価格の中古戸建て住宅などをじっくり吟味して物色するのも面白いかもしれません。

やっぱり都心、都心に住むならここ

令和の時代の新しい家選びは、ひとことで言えば、「何でも都心居住」から都心でも「街間格差」を見極めていくことが必要になります。都心で仕事を持ちながらも、都心の良さを目一杯享受したいという人は多いことでしょう。

ここでは、東京都区部の中心部に目を向けて、住んで楽しく都心へのアクセスも確保している、住みたい街をピックアップしてみました。独断と偏見で選んでいますので、不動産価格はばらばらですし、値上がりする、しない、という観点ではなく、住み心地というアバウトな選択ですので、ご参考程度にお読みください。

数あるブランド住宅地の中から選ぶとすれば、千代田区の番町《ばんちょう》、麴町《こうじまち》を選びます。この街は武蔵野台地の東端にあります。ここを起点に南側は赤坂見附《あかさかみつけ》まで下った後に青山方面に上り、また北側には九段《くだん》から市谷《いちがや》、飯田橋《いいだばし》にかけて高台が形成されていま す。地盤は良く、一番町は谷底になりますが、四番町から六番町にかけて高台になります。

番町、麴町は、江戸時代は武家屋敷街でした。また鉄道がなかったために長く「陸の孤島」と称されましたが、今は東京メトロ有楽町線と半蔵門線が整備され、この街は都心へのアクセスの良いブランド住宅街に進化することができました。

番町は今でも大手デベロッパーが高級マンションを供給し続けています。坪当たり単価も700万円から1000万円程度が相場です。これらのマンションを買う層は、六本木などを買う新興系のお金持ちというよりも、高齢の経営者や医者、弁護士などのプロフェッショナル層が多いです。

あまり変化は好まないいっぽうで、街の文化や歴史にこだわり、誇りを持って生きる人たちが住む街と言えます。そうした意味で番町、麴町のブランドは今後も続くと見ています。

また飯田橋駅の千代田区側の富士見《ふじみ》も区内の少ない住宅地域のひとつで、注目の街です。飯田橋駅の利便性と外濠《そとぼり》を背負った住環境の良さは特筆ものです。飯田橋駅西口の市街地再開発事業では、東京警察病院、飯田橋郵便局、日本基督教教団富士見町協会などの跡地を再開発。グラン・ブルームという名のオフィス・商業棟、住宅棟、教会棟などが出来上がりました。牛込橋《うしごめばし》でお濠を渡ると神楽坂下《かぐらざかした》。神楽坂は昔ながらの飲食店や物販店が集積していて、昼も夜も楽しめるところです。また大学も集積し、病院も整っているため高齢者の方でも住みよい街です。

文京区に住むのもおすすめです。文京区は東京23区の住み心地調査でも常に上位に入る区です。交通の便は良く、都心に近くて学校や公園が多いため緑が豊かです。またバス網も発達していて各所へ移動するのにも支障がありません。

文京区内を通るすべての鉄道は、基本的に南北に千代田区との境目である神田川《かんだがわ》を目がけて下りてきます。この受け皿となるのが飯田橋や東京ドームのある水道橋《すいどうばし》、そして御茶ノ水《おちゃのみず》駅になります。区の西側より東京メトロ有楽町線、丸の内線、都営三田線、南北線、千代田線と、東京都心に向かうラインナップは揃っています。唯一都営大江戸線のみが東京ドームの北側を東西に走っています。

区内では、有楽町線の護国寺《ごこくじ》と丸の内線の茗荷谷《みょうがだに》に挟まれたエリアは高級住宅地となっています。お茶の水女子大学や跡見学園、筑波大学附属中学校・高等学校、拓殖大学などがあり、閑静な学園街を形成しています。音羽《おとわ》通り沿いには講談社などの出版社や老舗《しにせ》の菓子屋などもあり、にぎわいがあります。さらに音羽の南の小日向《こひなた》は多くの寺院がある閑静な高級住宅地です。

白山《はくさん》通りの北東側の本駒込も落ち着いた邸宅街です。ここは都営の庭園である六義《りくぎ》園《えん》があり、深い木立に覆《おお》われた佇まいが続きます。この庭園は徳川綱吉《つなよし》の側用人だった柳沢吉保《やなぎさわよしやす》の下屋敷として造営された大名庭園です。春には庭園内の桜が、秋には紅葉がライトアップされ、地元のみならず多くの人が詰めかけます。六義園周辺のマンションは六義園を借景にしていて大変美しい街並みを形成しています。このあたりは大和郷《やまとむら》と呼ばれ、加藤高明《かとうたかあき》、若槻礼次郎《わかつきれいじろう》、幣原喜重郎《しではらきじゅうろう》などの歴代首相や三菱財閥の人たちが居を構えていました。

本郷《ほんごう》通り沿いは寺院が多く、不忍《しのばず》通りと挟まれた千駄木《せんだぎ》も瀟洒な住宅街が形成されています。団子坂《だんござか》を下ると千駄木の商店街にアクセスができます。千駄木は最近では「谷根千《やねせん》」と呼ばれ、谷中《やなか》、根津《ねづ》とともにレトロな下町としてのイメージが定着して

います が、下町色が強いのは、東京メトロ千代田線の千駄木駅のある不忍通り沿いです。文豪の街としても知られ、森鷗外、夏目漱石《なつめそうせき》、北原白秋《きたはらはくしゅう》、高村光太郎《たかむらこうたろう》、川端康成《かわばたやすなり》などが居を構えていました。

中央区に住むのなら、明石町《あかしちょう》をおすすめします。私がこの街の育ちということもありますが、築地《つきじ》から勝どき、月島にかけての下町の中で、この明石町だけはどこか垢ぬけた印象を持つ街です。

明石町はとても小さな街です。街の多くを聖路加国際病院およびその関連施設で占められています。この街と隣りの築地エリアは、太平洋戦争で空襲を免《まぬか》れました。米軍が占領後に、聖路加国際病院を米国関連の医療施設として残しておこうと考えて空爆しなかったと言われています。

この街は江戸時代に埋め立てによって誕生し、赤穂浪士《あこうろうし》で有名な浅野内匠頭《あさのたくみのかみ》の屋敷などがありましたが、明治以降は外国人居留地として文明開化の中心地となりました。慶應義塾や立教大学、明治学院大学などの発祥の地でもあります。

聖路加ガーデンやあかつき公園など緑も豊富で、隅田川《すみだがわ》の川辺にもアクセスできます。隣り町の築地に出れば買い物に困ることはありません。東京メトロ日比谷線の築地駅や有楽町線の新富町《しんとみちょう》駅は徒歩圏。銀座《ぎんざ》至近という立地は得難いものがあります。

明石町から隅田川を挟んだ対岸にあるのが月島です。月島は明石町と同様、埋立地ですが明石町とはだいぶ歴史が異なります。

月島は隅田川の河口、佃島《つくだじま》と石川島《いしかわじま》の間にあった砂州《さす》でした。砂州は大型船の航行には邪魔となるので溜まった砂や小石を除き、2つの島の拡張工事として埋め立てによって島が造られました。小石や砂で築く島、つまり築島がなまって月島になったとされます。

当時の埋め立て計画では1号地から4号地までがありましたが、現在の月島は1号地に該当します。ちなみに2号地が現在の勝どき、3、4号地が晴海《はるみ》になります。月島はおもに工業用地として活用され、多くの中小工場や倉庫が立ち並び、そこで働く労働者が住むための木造の長屋が設けられました。長屋の軒が並ぶ間に路地が形成され、子供たちの遊び場はもっぱらこの路地になりました。

明石町と同様に太平洋戦争での空襲を免れたおかげで、月島の街は今でも下町の風情をいたるところに感じることができます。産業構造の変化によって街にあった工場や倉庫は、1988年東京メトロ有楽町線の月島駅が完成する頃から都心に通うビジネスパーソンの街に変貌を始め、2000年に都営地下鉄大江戸線が開通する頃には超高層マンションが林立する街に生まれ変わります。

月島の超高層マンションからは、東京都心の景色が一望できます。地下鉄を使えば銀座や六本木などの繁華街はすぐ、という地の利を生かし、この街で販売されるマンション価格は高騰を続けています。現在でも月島駅徒歩圏の中古超高層マンションの価格は坪単価で500万円を下らない状況です。20坪で1億円です。

マンション価格はさておき、月島は他の湾岸エリアとは異なり、街に生きる人々の息吹を感じることができる街です。タワマンに住んで西仲《にしなか》商店街でもんじゃ焼きを食べる、このアンバランスを味わうのも月島に住む楽しさかもしれません。

同様に都会の便利さと下町の情緒が同居する街としておすすめなのは、同じ中央区内であれば人形町《にんぎょうちょう》であり、江東区であれば門前仲町《もんぜんなかちょう》です。ただ単に都心のオフィスと往復するだけでなく、時にはテレワークしながら街で1日を過ごすなら、こうした街の選択をしてみたいものです。

大阪、名古屋で住みたい街

私は、東京育ちで就職してサラリーマンだった間も転勤がありませんでしたので、大阪や名古屋の住宅地について特段の知見はありません。

ただ令和の時代の家選びは、大阪や名古屋であっても基本的に東京と変わらないと考えています。つまり、交通利便性だけでなく、その街に1日過ごして楽しめる要素がどれだけあるのかが、今後より問われていくということです。

そうした意味では、大阪であれば、やはり阪神間の住宅地は相変わらず人気を継続していくものと思われます。私から見れば、阪急神戸《こうべ》線の夙川《しゅくかわ》は大変魅力的な街です。梅田《うめだ》や三宮《さんのみや》にも近く、桜並木は日本桜名所１００選にも選ばれています。阪急甲陽線に乗れば、西宮《にしのみや》屈指の高級住宅地である苦楽園《くらくえん》や甲陽園《こうようえん》にアクセスができるのも魅力です。夙川の隣りはSUUMO調査の「住みたい街ランキング関西編」の第1位常連の西宮北口《にしのみやきたぐち》ですが、超高層マンションが立ち並ぶ西宮北口との街並みの対比を楽しむのも面白いでしょう。

また、交通利便性をある程度犠牲にしてきた六甲《ろっこう》や宝塚《たからづか》などもこれからの家選びでは復活してくるかもしれません。ただ、大阪は東京と異なり、経済規模が小さく、東京本社を中心とした支社、支店経済に組み込まれており、東京で広まってきたテレワークの動きが、今後どこまで浸透するかは不透明な部分があります。そうした意味では、これまでの交通利便性を重視した家選びはあまり変わらない可能性もあることを、指摘しておきたいと思います。

名古屋については、さらにその傾向が強く、現在の住みたい街ランキングが大きく変わることはないでしょう。お洒落なお店が軒を連ね、ハイソなイメージが強い千種《ちくさ》区の覚王山《かくおうざん》、星《ほし》が丘《おか》、昭和《しょうわ》区の八事《やごと》のような教育環境が充実した自然環境が豊かな街がおすすめできます。また長久手《ながくて》のような近年人口が急増したニュータウンの今後の発展にも期待が持てます。

地方で住みたい街を探す

ひとくちに地方と言っても、地理的、歴史・文化的にもさまざまな特色を持った街が多いので一概にどこの街が良いのかは、人それぞれだと思います。

ただ、東京に住む都会人から見て、地方との2拠点居住や将来的な移住を視野に入れた街選びという観点から考えた場合、私が重視するのは、東京からの時間距離です。物理的な距離がどんなに近くても、東京との往復を考える場合、費やす時間が多いことはあまり生産的ではありません。

そうした意味では、新幹線の威力は絶大です。群馬県の高崎《たかさき》までででしたら東京からわずか50分ほどです。新幹線通勤の人も多い街ですが、テレワークの多い人であれば、この街は十分選択肢に入ってくるでしょう。

山形県の酒田《さかた》市は日本海に面し、北前船《きたまえぶね》の寄港地として繁栄した街です。酒田にアクセスするには、新幹線等を乗り継いでいくと新潟経由で4時間強もかかってしまいますが、飛行機なら羽田《はねだ》空港から庄内《しょうない》空港までわずか1時間です。私も仕事で酒田を訪れたことがありますが、羽田を離陸した飛行機がほとんど水平飛行をすることなく、着陸態勢に入ったことに驚いたものです。庄内空港から酒田市内までは車で20分ほど。これならばちょっと思いついて飛行機に乗ればあっというまにアクセスできます。

私の知人は長く住んだ東京を離れ、現在は大分県国東《くにさき》市に居を移しています。都内のメディア関連の仕事をしていますが、基本的には国東で仕事をしながら月に数回都内にあるオフィスに通勤するそうです。彼によれば国東は家賃も物価も安いので生活コストはほとんどかからないと言います。海の幸も豊富で、何と言っても自然環境が良く、時間に余裕があるので仕事のほかに絵を描いたり、陶芸にも挑戦しています。

国東市内に大分空港があるので、空港までは車で20分ほど。飛行機に乗れば1時間半ほどで羽田空港に着きます。空港からオフィスまで30分。片道計2時間半程度。これなら日帰りは十分可能です。

便が少ないことと航空運賃が高いことがネックですが、LCCなどの格安航空がもっと国内を飛ぶようになれば、人の行き来をもっと高めることができるのではないかと思います。

そうした意味では、日本の鉄道や航空運賃はとても高いと思います。この交通費の高さが、私たちが地方と東京を気軽に行き来することを妨げています。たとえば新幹線はどこまで行っても5000円以内、飛行機は1万円以内くらいにして、国や自治体が補助すれば、「Go To キャンペーン」よりもはるかに人々の往来を活発化することに貢献できると思います。

こうした視点で見ると、日本中に実は東京の郊外に住むより、たまに東京に出かける程度の生活であれば、便利で生活環境の良い街がたくさんあることに気づきます。

東京に拠点を置きながら、金沢《かなざわ》のマンションに住む。京都の町家《まちや》を借りる。これからの時代は家を複数持って、自在に住みこなす人が増えるでしょう。そうしたムーブメントが醸成されるようになれば、これまで地方と都会との間に立ちはだかっていたさまざまなバリアーが一気に低くなります。

それはひとえに、人々の働くことの概念に変化が起こることを前提にしています。働き方が変われば、家に対する価値観が大幅に変わるでしょう。1軒の家のためだけに人生を売り渡してきた日本人の多くにとって、これまで見てきた国や地域の景色が大きく変わって映るはずです。

おわりに――未来の住まい方

２０２１年、１年延期となっていた東京五輪が閉幕しました。そして日本は、戦後から75年、三度の四半世紀を終えて、新たな四半世紀に足を踏み出しています。

２０４５年、本書を読んでいる読者のみなさまの生活はどのように変わっているでしょうか。現在40代、50代の人でしたら、お孫さんがいてもおかしくない年代です。

さてあなたは、お孫さんからこうした質問を受けるかもしれません。

「ねえねえ、おじいちゃん。通勤ってなあに?」

２０４５年の日本人の働き方、ライフスタイルは大きく変わり、仕事=通勤という概念は、あなたの孫の代では都市伝説化しているかもしれません。

「どうして働くのに、オフィスっていうハコに出かけなくちゃいけなかったの?」

お孫さんからの続けての質問に、あなたはどう答えるでしょうか。

毎朝毎夕、通勤電車に乗ってオフィスに向かう姿は、資本主義社会の象徴的な奴隷制度として歴史の教科書に刻まれるようになるかもしれません。

私たちがまったく当たり前だと信じて疑ってこなかった日々の生活パターンなどというものは、時代の変遷とともにあっさりと変わっていくのが人間社会なのです。

1995年から2020年までの四半世紀。日本史の教科書には、日本の凋落時代と記されることでしょう。1995年までは世界の経済大国を謳歌していた日本が世界との企業間競争に敗北を続ける、忌《い》まわしき時代です。

いっぽうで人々のライフスタイルはずいぶん変わった時代とも認識されるはずです。東京都心に人々は続々と集結し、都心居住を始める。そして巨大空間であるオフィスビルに吸い込まれ、全員が密になって働く。スタイルの崩壊です。

次なる四半世紀の日本は、社会のDX化が進み、単純作業を行なう事務員という存在は消滅し、多くのワーカーは情報通信端末を駆使して、個人として働く。1人のワーカーが複数の企業と契約して働くのは当たり前。ただし、会社に隷属して生きるワーカーはいなくなり、会社人生という単語はもはや誰も知らない単語になっていそうです。

では、人々はどんな街でどんな生活を送っているでしょうか。自分の気に入った街に定住して、街の中で暮らす人が出てくるでしょう。会社に所属するという概念が薄れ、自分自身の能力で対価をもらう時代になれば、通勤という行動も、概念すらもなくなっているのです。

会社との人間関係で悩むこともなくなります。自分の生活は自分が住む街にあるのです。会社の人間関係に代わって登場するのが街というコミュニティです。これまでは人生において、自分の属した会社だけが人生で、会社、仕事を通じてつながった人だけが知り合いでした。そして定年退職後の特に男性は、さびしいリタイアメント生活を味わうこととなっていました。

これからの四半世紀は違います。家族との絆の深まりはもちろん、街の知人、友人とのコミュニティを楽しむ時代の到来です。やっている仕事はあまり変わらないかもしれません。企画や総務系の仕事かもしれません。マーケティングや営業系の仕事かもしれません。いっぽうで知人、友人との会話では自身が持ち合わせ、売っている能力が話題になり、どこの会社に属しているかはほとんど話題にならなくなるでしょう。会社に属しているって、何か奴隷契約でもしているみたいに思われるようになるかもしれません。

情報通信技術がさらに高度化すれば、日本中のどこで生活しても、生活レベルはあまり変わらなくなっているはずです。であるならば、自分になるべくフィットする街を自分の意思で選ぶようになるでしょう。

中には定住先を決めずに全国を季節の移り変わりや自身の都合、趣味や興味に任せて渡り歩く人たちも出てくるでしょう。本拠地は決めながらも、都会と田舎に拠点を持ち、行き来する人たちも増えてくるでしょう。

さてそうした時代、家の買い方、街の選び方はどうなるのでしょうか。オフィスのある大手町へ、新宿へ何分なのか？　駅から自宅までは徒歩5分以内がよい？　託児所が駅のそばにあるか？　できればマンション値上がりしてほしいな。今当たり前のように、「家を買うための条件」として金科玉条のように扱っているこれらの文言、次なる四半世紀には、

「何それ？」

「え～まじ、ダサい」

と、おそらく将来の若者言葉に変換されて、言われているかもしれません。

では人々が生活する誇り、プライドはどこに行ってしまうでしょうか。私は、こう

したものが、人々からなくなってしまうとは思いません。

次なる四半世紀の人々のコミュニティは、また新しい形で進化を遂げていくはずです。会社というハコは重視されずとも、自分が所属する街、街中コミュニティを重視し、自分が育つ、暮らす街に誇りを持つようになると予想しています。

「あの街に住んでいるって、すごくない？」

「君の住んでいる街って、街で提供される金融支援ソフトがすごいらしいね」

「俺の街だってすごいぜ。健康管理プログラムは日本一だって」

などといった会話がネット上で交わされるようになっているでしょう。

本書では、すでに一歩足を踏み出した、２０２１年から始まる新たな四半世紀を見据えて、新たな視点からの家の買い方、街の選び方を考えてみました。まだ荒唐無稽《こうとうむけい》に思っているあなた、時代はものすごいスピードで進んでいますよ。

「やっぱりマンションは値上がりしてるよね」

だとか、

「なんだかんだ言ったってみんなオフィスが好きで通勤してるよね」

という台詞《せりふ》、昔の成功の方程式、物差しです。

使えなくなった方程式や物差しに息を吹きかけて「まだまだ」とやっているうちに、未来の人たちの持っている物差しと自分のそれとが、ぜんぜん違ってしまっていることに気づいて愕然とする日が来ることを覚悟してください。

毎日を漫然と生きていると、未来は途方もないところからやってきて、ある日突然あなたの前に現われるのですから。

切りとり線

★読者のみなさまにお願い

この本をお読みになって、どんな感想をお持ちでしょうか。祥伝社のホームページから書評をお送りいただけたら、ありがたく存じます。今後の企画の参考にさせていただきます。また、次ページの原稿用紙を切り取り、左記まで郵送していただいても結構です。

お寄せいただいた書評は、ご了解のうえ新聞・雑誌などを通じて紹介させていただくこともあります。採用の場合は、特製図書カードを差しあげます。

なお、ご記入いただいたお名前、ご住所、ご連絡先等は、書評紹介の事前了解、謝礼のお届け以外の目的で利用することはありません。また、それらの情報を6カ月を越えて保管することもありません。

〒101-8701（お手紙は郵便番号だけで届きます）
祥伝社　新書編集部
電話03（3265）2310
祥伝社ブックレビュー　www.shodensha.co.jp/bookreview

★本書の購買動機（媒体名、あるいは○をつけてください）

＿＿＿＿新聞の広告を見て	＿＿＿＿誌の広告を見て	＿＿＿＿の書評を見て	＿＿＿＿の Web を見て	書店で見かけて	知人のすすめで

★100字書評……ここまで変わる！　家の買い方　街の選び方

名前
住所
年齢
職業

牧野知弘　まきの・ともひろ

東京大学経済学部卒。ボストンコンサルティンググループなどを経て三井不動産に勤務。J-REIT(不動産投資信託)執行役員、運用会社代表取締役を経て独立。現在はオラガ総研株式会社代表取締役としてホテルなどの不動産プロデュース業を展開。また全国渡り鳥生活倶楽部株式会社を設立。代表取締役を兼務。講演活動に加え多数の著書を執筆している。祥伝社新書に『なぜ、町の不動産屋はつぶれないのか』『空き家問題』『不動産で知る日本のこれから』『不動産激変』などがある。

ここまで変《か》わる!
家《いえ》の買《か》い方《かた》 街《まち》の選《えら》び方《かた》

牧野知弘《まきのともひろ》

2021年10月10日　初版第1刷発行

発行者……………辻 浩明
発行所……………祥伝社《しょうでんしゃ》
〒101-8701　東京都千代田区神田神保町3-3
電話　03(3265)2081(販売部)
電話　03(3265)2310(編集部)
電話　03(3265)3622(業務部)
ホームページ　www.shodensha.co.jp

装丁者……………盛川和洋
印刷所……………萩原印刷
製本所……………ナショナル製本

Printed in Japan　ISBN978-4-396-11639-2　C0233

〈祥伝社新書〉
医学・健康の最新情報

〈祥伝社新書〉
令和・日本を読み解く

570
資本主義と民主主義の終焉
平成の政治と経済を読み解く

歴史的に未知の領域に入ろうとしている現在の日本。両名の主張に刮目《かつもく》せよ

法政大学教授 **水野和夫**
法政大学教授 **山口二郎**

571
三度目の日本
幕末、敗戦、平成を越えて

令和日本はどうあるべきか。多くの著作で予測を的中させた著者の最後の提言

作家・評論家 **堺屋太一**

541
日本の崩壊

日本政治史と古代ローマ史の泰斗が、この国の未来について語り尽くす

東京大学名誉教授 **御厨 貴**
東京大学名誉教授 **本村凌二**

609
日本は戦争に連れてゆかれる
狂人日記2020

２０２４年に世界恐慌、２０３０年に第三次世界大戦が私たちを襲う！

評論家 **副島隆彦**

637
異形の政権
菅義偉の正体

菅政権とは何だったのか――。メディアが報じなかった実像に迫る！

作家・元外務省主任分析官 **佐藤 優**
法政大学教授 **山口二郎**

〈祥伝社新書〉
経済を知る

478
新富裕層の研究
日本経済を変える新たな仕組み
新富裕層はどのようにして生まれ、富《とみ》のルールはどう変わったのか
経済評論家
加谷珪一

394
ロボット革命
なぜグーグルとアマゾンが投資するのか
人間の仕事はロボットに奪われるのか。現場から見える未来の姿
大阪工業大学教授
本田幸夫

503
仮想通貨で銀行が消える日
送金手数料が不要になる？　通貨政策が効《き》かない？　社会の仕組みが激変する！
信州大学教授
真壁昭夫

625
カルトブランディング
顧客を熱狂させる技法
グローバル企業が取り入れる新しいブランディング手法を徹底解説
マーケティングコンサルタント
田中森士

636
世界を変える5つのテクノロジー
SDGs、ESGの最前線
2030年を生き抜く企業のサステナブル戦略を徹底解説
京都大学大学院特任准教授
山本康正